Evangelisch *kontrovers*

ALEXANDER MAẞMANN

Evangelisch *kontrovers*

Aktuelle Streitfragen aus ethischer Sicht

EVANGELISCHE VERLAGSANSTALT
Leipzig

ALEXANDER MASSMANN, Dr. theol., Jahrgang 1977, studierte evangelische Theologie u. a. in Heidelberg und am Princeton Theological Seminary. Er ist Affiliated Researcher und Dozent an der University of Cambridge. Neben Veröffentlichungen u. a. im Journal of Religious Ethics erschien zuletzt: »Modifying our Genes« (zusammen mit K. Fox, Norwich 2021). 2013 wurde er mit dem Lautenschlaeger Award for Theological Promise ausgezeichnet. Zu Beginn der Corona-Pandemie startete seine Kolumne »evangelisch kontrovers« auf evangelisch.de.

Bibliographische Information der Deutschen Nationalbibliothek:
Die Deutsche Nationalbibliothek verzeichnet diese Publikation in der Deutschen Nationalbibliographie; detaillierte bibliographische Daten sind im Internet über http://dnb.dnb.de abrufbar.

© 2025 by Evangelische Verlagsanstalt GmbH · Leipzig
Printed in Germany

Das Werk einschließlich aller seiner Teile ist urheberrechtlich geschützt. Jede Verwertung außerhalb der Grenzen des Urheberrechtsgesetzes ist ohne Zustimmung des Verlags unzulässig und strafbar. Das gilt insbesondere für Vervielfältigungen, Übersetzungen, Mikroverfilmungen und die Einspeicherung und Verarbeitung in elektronischen Systemen.

Das Buch wurde auf alterungsbeständigem Papier gedruckt.

Gesamtgestaltung: FRUEHBEETGRAFIK · Thomas Puschmann · Leipzig
Coverbild: Otto Freundlich, Komposition, ca. 1930 (Städel Museum, Frankfurt am Main)
Druck und Binden: BELTZ Grafische Betriebe GmbH, Bad Langensalza

ISBN 978-3-374-07720-5 // eISBN (PDF) 978-3-374-07721-2
www.eva-leipzig.de

Inhalt

Einleitung 7

I
DAS INDIVIDUELLE LEBEN
Kann eine Lüge moralisch gerechtfertigt sein? 17
Kann man noch guten Gewissens Kinder in diese
Welt setzen? 23

II
SEXUALITÄT UND GESCHLECHTERGERECHTIGKEIT
Frauenquote: pro und contra 33
Gendern: maßvolle Fortschritte statt Kulturkampf 39
Homosexualität 47
Erleichterungen für Transpersonen: das neue
Selbstbestimmungsgesetz 56
Prostitution in Deutschland – Zeit für eine
Neuregelung? 65

III
BIO- UND MEDZINETHIK
Soll das Abtreibungsrecht geändert werden? 77
Die Leihmutterschaft: Soll Deutschland die
Rechtslage ändern? 88
Sollen wir das Genom-Editing an menschlichen
Embryos erlauben? 98
Was ist von der Sterbehilfe zu halten? 104

IV
KLIMAKRISE UND UMWELTSCHUTZ
Nötigt uns die Klimakrise zum Abschied vom
Wirtschaftswachstum? 115
Straßen blockieren für den Klimaschutz? 122
Fleisch essen oder nicht? 129

V
DIE ROLLE DER KIRCHEN IN EINER »POST-CHRISTLICHEN« GESELLSCHAFT
Sollen Kirchen AfD-Mitgliedern die Ehrenämter
verweigern? 135
Sollen Staat und Kirche schärfer getrennt werden? ... 144
Kann aus einer Kirche eine Moschee werden? 153

VI
GLAUBE UND POLITIK
Was ist von der EU-Asylreform zu halten? 165
Waffenruhe im Gazastreifen! 172
Ukrainekrieg: Sollen Christen alle Gewalt ablehnen? .. 180

VII
EINE ETHIK DER KULTUR
Der »Fall Spacey« und die Cancel Culture 187
Müssen wir uns vor intelligenten Computern
fürchten? 195

Anmerkungen 203

Einleitung

Einer der bekanntesten Aussprüche in der jüngeren Theologiegeschichte, den der vermeintliche Urheber so nie getan hat, wird Karl Barth zugeschrieben: Ein Theologe solle die Bibel in der einen Hand und die Zeitung in der anderen halten.[1] Aus einer christlichen Perspektive kann es bei der Einschätzung des Tagesgeschehens natürlich nicht um einen schlichten Vergleich zwischen Bibel und Nachrichten gehen. Doch zu was für Resultaten führt das ethische Nachdenken über die praktischen Streitfragen in der Gesellschaft aus christlicher Perspektive?

Auf der Website evangelisch.de diskutiere ich seit gut zwei Jahren aktuelle moralische Fragen aus der Perspektive der evangelischen Ethik, unter dem Titel »Evangelisch kontrovers«. Solche Einzelfragen machen die »praktische Ethik« aus – eine Unterdisziplin der Ethik, weniger treffend auch als angewandte Ethik bezeichnet. Dieser Band bündelt 22 dieser Texte in überarbeiteter und aktualisierter Form. Es gibt kaum jüngere Veröffentlichungen in der deutschsprachigen christlichen Ethik, die sich gezielt zahlreiche umstrittene Einzelfragen des praktischen Lebens vorknöpfen.[2] Viele Einzelthemen behandele ich hier in zugänglicher Sprache, ohne Fachjargon und in kurzen Texten. Sie bieten einen Einstieg in ein aktuelles Thema mit einer vertiefenden Perspektive und wagen eine klare Stellungnahme.

Die Einzelfragen der Ethik in diesem Band stammen aus den folgenden Themenbereichen: a) das individuelle Leben, b) Sexualität und Geschlechtergerechtigkeit, c) Bioethik, d) Klimakrise und Umweltschutz, e) die Rolle der

Kirchen in einer »post-christlichen« Gesellschaft, f) Glaube und Politik und g) eine Ethik der Kultur. Dabei geht es zum Beispiel darum, was vom assistierten Suizid zu halten ist, von militärischer Hilfe für die Ukraine, ob man in Zeiten der Klimakrise noch guten Gewissens Kinder bekommen kann oder um rechtliche Erleichterungen für Transpersonen. Den Abschluss jedes Kapitels bildet eine kurze Literaturauswahl, die einer Einführung ins Thema anhand aktueller Geschehnisse dient und auf exemplarische Positionen verweist. Dabei habe ich viele Titel ausgewählt, die breiter zugänglich sind, etwa durch frei verfügbare Online-Ressourcen (z.B. auch Podcasts) oder ein Zeitschriftenabo der Stadtbibliothek.

Die gegenwärtige Lage

Oft wurde in den vergangenen Jahren von einer mehrfachen Dauerkrise in der deutschen Gesellschaft gesprochen – man denke an die Stichwörter Covid und Ukraine. Zu den praktischen Herausforderungen und Krisen kommen gesellschaftliche und politische Verschiebungen hinzu. Nachdem Angela Merkel 16 Jahre in verschiedenen Konstellationen die deutsche Bundesregierung geführt hatte, übernahm 2021 die sozialdemokratisch-grün-liberale Koalition. Das Programm der neuen Regierung scheint zumindest einen gesellschaftlichen Wandel anzuzeigen, der sich nun in neuen politischen Entscheidungen niederschlagen soll. Die soziale Dynamik zeigt sich etwa auch darin, dass seit 2022 weniger als 50 Prozent der Deutschen einer der großen Kirchen angehören. Die Stichwörter »#metoo« oder »feministische Außenpolitik« zeigen einen Wandel auch im Verhältnis der Geschlechter an. Hinzu kommt, dass Deutschland in absoluten Zahlen inzwischen das weltweit größte Einwanderungsland nach den USA ist.³ In vielen praktischen Fragen besteht Klärungsbedarf – das betrifft angesichts sich wandelnder Rahmenbedingungen auch die individuelle Lebensführung.

Wie der soziale Wandel zu neuen Debatten führt, zeigt etwa das Selbstbestimmungsgesetz, mit dem die Ampelregierung Transpersonen die Änderung des Geschlechtseintrags erleichtert hat. Schon etwas länger beschäftigt das Thema assistierter Suizid Politik, Kirche, Ethik und Gesellschaft. Nachdem das Bundesverfassungsgericht 2020 gegen ein bestehendes Gesetz entschied und urteilte, der Gesetzgeber dürfe nicht prinzipiell verbieten, dass Ärztinnen und Ärzte den assistierten Suizid allgemein anbieten, konnte man sich im Bundestag nicht auf eine Regelung einigen. Bei einem weiteren bioethischen Thema hat eine offizielle Kommission Empfehlungen zu einer Reform des Abtreibungsrechts gemacht – ein Thema, das inzwischen auch in Deutschland Menschen auf die Straßen bringt.

Noch intensivere Debatten drehen sich um Geflüchtete, was die rechtsextremistische AfD zur Steigerung ihres Einflusses nutzen konnte. Auf der anderen Seite des politischen Spektrums haben junge Menschen in zivilem Ungehorsam Kreuzungen blockiert, weil die Politik zu wenig gegen die Klimakrise unternehme. Ob es der internationalen Staatengemeinschaft mit dem Pariser Abkommen gelingen wird, die Klimaerwärmung auf zwei Grad Celsius zu beschränken, ist sehr fraglich. Auch im Bereich der individuellen Lebensführung debattieren immer mehr Menschen die Konsequenzen der Klimakrise für das eigene Handeln: Ist es noch vertretbar, Fleisch zu essen? Kann man noch guten Gewissens Kinder bekommen?

Außerdem verstärken schwerwiegende Vorfälle das Gefühl einer Krise. Der russische Angriff auf die Ukraine stellt seit 2022 die internationale Sicherheitsordnung in Frage. Persönlichkeiten aus dem öffentlichen Leben setzten sich teils gegen, teils für die Lieferung deutscher Waffen an die Ukraine ein.

All diese Streitfragen sind nicht nur für eine allgemeine, philosophische Ethik, sondern auch für die theologische Ethik von Bedeutung. Wie wir mit dem menschlichen Leben umgehen, ist auch eine Antwort auf die Frage, was der Mensch ist – in den persönlichen Beziehungen, in der Gesellschaft, in seinem natürlichen Lebensraum, und in all dem vor und mit Gott, wie er im Alten und Neuen Testament bezeugt wird.

Die weitere Szene der theologischen Ethik

Die Rolle der Ethik besteht dabei darin, in solchen Diskussionen wesentliche Gesichtspunkte zu Wort kommen zu lassen, so dass die Entscheidung nicht bloß von individuellen Vorlieben abhängt, sondern nachvollziehbar wird. Vielleicht ändern manche aufgrund eines guten Arguments ihre Meinung, vielleicht hilft die Diskussion, die eigene Position klarer zu formulieren, oder man findet einen Kompromiss. Allerdings äußern sich akademisch geschulte, evangelische Ethiker:innen oft nicht auf eine Weise, die gut zugänglich und allgemeinverständlich ist.

Studiert man evangelische Ethik an der Uni, stehen auch Spezialmonographien auf der Leseliste, die einen eng zugeschnittenen praktischen Bereich ausführlich behandeln und teils Stellung nehmen zu einer konkreten Fragestellung oder zu wenigen verwandten praktischen

Fragen. Eine solche spezialisierte Veröffentlichung verlangt oft Zeit und Mühe, und das hat seinen guten Sinn. Die Erfordernisse sind aber andere, wenn etwa Lehrende ein ethisches Thema für einen Abiturkurs vorbereiten, Pfarrerinnen und Pfarrer in einer Gemeindeveranstaltung eine ethische Frage diskutieren oder wenn sich Studierende, Schüler:innen oder Journalisten einen ersten Überblick zu einem Thema verschaffen.

Möchte man sich wiederholt zu spezifischen ethischen Fragen knapp und relativ allgemeinverständlich informieren, ist eines der etablierten Ethiklehrbücher eine gute Wahl.[4] Doch die Anzahl der Themen, die diese Bücher exemplarisch behandeln, ist oft sehr begrenzt.[5] Wer sich eine eigene Meinung bilden möchte, auch abseits von Uni, Schule oder Gemeinde, kann von der knappen Darstellung einer größeren Anzahl von verschiedenen Einzelfragen profitieren, die dieser Band bietet. Denjenigen, die ein erstes Interesse am Fach Ethik hegen, kann er gemeinsam mit anderen Werken zur Einführung in die Disziplin der theologischen Ethik dienen: gewissermaßen etwas kurzweiliger auf der »Hintertreppe«, abseits der großen, abstrakteren Theoriedebatten etwa darüber, was ein moralisches Sollen eigentlich ist. Ein Lehrbuch kann außerdem der Entdeckerfreude recht viel abverlangen, da es sich im Sprachstil meist an ein akademisches Publikum richtet und mit einem umfangreichen Grundlagenteil beginnt, in dem die Autoren Grundbegriffe und Methodologie klären und auf den sich der zweite Teil der praktischen Ethik zurückbezieht.

Dieser Band diskutiert dagegen viele wichtige Grundlagenfragen nicht ausdrücklich. So schlägt sich etwa in meinen Stellungnahmen die Tradition des christlichen Realismus nieder, ohne dass ich einen solchen Einfluss ansonsten ausdrücklich kenntlich mache. Diese Schule, die besonders in den USA beheimatet ist, fragt, ob in einer ethischen Auseinandersetzung die harten, unbequemen Fakten zu Wort kommen, gegenüber unseren Wünschen und Idealen.[6] Zum Beispiel gehen gesellschaftliche und fach-ethische Debatten um Homosexualität oder Transidentität äußerst selten darauf ein, dass die Rate der Suizidversuche in den entsprechenden Gruppen erschreckend hoch ist.

»Methode Tagesgeschehen«

Meine Themenauswahl orientiert sich am Tagesgeschehen. Während Lehrbücher zuerst Theorie und Grundlagen behandeln, halte ich ich es für gewinnbringend, mit den spezifischen Fragen zu beginnen, weil so auch blinde Flecken der Literatur zum Vorschein kommen. Natürlich behandelt auch dieser Band typische Lehrbuchthemen. Da die Absicht der Überblickswerke aber nicht in der Tagesaktualität liegt, diskutieren sie kaum Themen wie Transidentität, Leihmutterschaft oder die Frage, ob man angesichts der Klimakrise noch Kinder in die Welt setzen kann. Vermutlich werden nicht alle Fragen von dauerhaftem Interesse sein. Doch die »Methode Tagesgeschehen« weist auch auf Themen hin, die die Gesellschaft seit langem diskutiert und zu denen die Lehrbücher keine Hilfestellung bieten. Das fällt auf bei den großen Themen Migration, Fremdenfeindlichkeit und Demokratie, Geschlechtergerechtigkeit und Umweltethik.

In verschiedenen Formen erhitzen die Themen Vertreibung, Migration und Flucht seit Ende des Zweiten Weltkriegs die Gemüter. Sie legen sich auch wegen verschiedener biblischer Flucht- und Migrationsgeschichten[7] zur Diskussion nahe. Der Bereich Migration ist in den heutigen deutschen Debatten auch mit dem Problem des Rechtsextremismus verbunden, doch ein jüngeres Lehrbuch verharmlost den rechtsextremistischen und gewalttätigen Trend im deutschen Rechtspopulismus.[8]

Einschlägige Lehrbücher behandeln in der Regel nicht den bedeutenden Komplex der Geschlechtergerechtigkeit. Was die Überblickswerke angeht, sind die Protagonisten der deutschsprachigen evangelischen Ethik in der klaren Mehrheit männlich.[9] Ich behandle diesen Themenbereich in einem Abschnitt mit vier Themen, die typischerweise nicht in Lehrbüchern vorkommen: Quotenregelungen, das kontroverse Gendern, Transidentität und die Prostitution.

Die Bereiche Klima-, Tier- und Pflanzenschutz übergehen die Lehrbücher ebenfalls in der Regel.[10] Kein einzelnes Lehrbuch muss den Großteil dieser Themen abdecken, doch es fällt auf, wie sehr die Überblickswerke der evangelischen Ethik in den blinden Flecken übereinstimmen.[11] Sie repräsentieren eine Perspektive, die merklich dem männlichen Bürgertum zuneigt.

Ausblick

Trotz dieser kritischen Bemerkungen verstehe ich diesen Band nicht als Alternative zu den thematisch eng begrenzten Spezialmonographien oder zu den Lehrbüchern, sondern als Ergänzung. Ich nehme nicht in Anspruch, alle relevanten Themen zu behandeln, geschweige denn vollständig. Vielmehr nähert sich der Band Fragen der praktischen Ethik explorativ und schlaglichtartig. Angesichts der Kürze meiner Beiträge sind die Lesenden schließlich gefragt, ob eine ausführlichere Diskussion der praktischen Themen die Sache in noch anderem Licht erscheinen lässt. Hoffentlich regen die einzelnen Kapitel zur Bildung der eigenen Meinung an!

Ich danke herzlich denjenigen, die zur Entstehung des Bandes und der verschiedenen Kapitel beigetragen haben: Markus Bechtold, Dieter Schmitt, Sarah Neder und dem weiteren Team von evangelisch.de, Jennifer Adams-Maßmann, Fabian Kliesch, Jens und Corinna Maßmann, Christian Verwold sowie Henny und Klaus Maßmann für vielfältige Unterstützung, Peter Lampe und Gregor Etzelmüller für Ermutigung und Rat sowie Tilman Meckel von der Evangelischen Verlagsanstalt für die gute Zusammenarbeit. Für Druckkostenzuschüsse bin ich der Evangelisch-reformierten Kirche, der Evangelisch-Lutherischen Kirche in Norddeutschland, der Evangelisch-lutherischen Landeskirche Hannovers, der Evangelischen Landeskirche in Baden und dem Onlineportal evangelisch.de dankbar.

KAPITEL I

DAS INDIVIDUELLE LEBEN

Kann eine Lüge *moralisch gerechtfertigt sein?*

Dietrich Bonhoeffer (1906–1945), Theologe und Widerstandskämpfer, fragte sich nach seiner Verhaftung durch die Nazis, ob er im Verhör durch den Haftrichter seine verschwörerischen Tätigkeiten leugnen sollte. Oder war er in dem Sinne zur Wahrheit verpflichtet, dass er die Karten hätte offenlegen müssen? Damit hätte er sich und seine Mitverschwörer in äußerste Gefahr gebracht.

Ob man moralisch immer zur Wahrheit verpflichtet sei, ist eine klassische Frage der Ethik. Ein weiteres Beispiel ist etwa die Höflichkeitslüge: »Nein, dein neuer Haarschnitt ist sehr schick!« Also: Was hat es aus der Sicht der Ethik mit der Wahrheit auf sich?

Sagen, was der Fall ist?

Eine einflussreiche, klassische christliche Position lautet, dass die Lüge sich letztlich gegen Gott selbst richtet: Gott kann nicht lügen, er ist die Wahrheit selbst, und so hat die Falschheit keinen Raum in der Schöpfung. Lügen sind durch nichts zu entschuldigen.

Bonhoeffer beantwortet die Frage in einem Aufsatz anders.[12] Ein Lehrer fragt ein Schulkind vor versammelter Klasse, ob es stimmt, dass sein Vater oft betrunken nach Hause kommt. Laut dem traditionellen Verständnis von

Wahrheit wäre das Kind moralisch verpflichtet zu sagen, was den Fakten entspricht. Damit hätte der Lehrer das Kind vor der Klasse bloßgestellt. Doch was berechtigt den Lehrer dazu, in die internen Angelegenheiten der Familie einzudringen? Das Kind verneint die Frage und macht eine Falschaussage. Bonhoeffer legitimiert das nicht einfach. Aber er gibt zu bedenken: Ein Kind kann hier noch nicht souverän reagieren. In Anbetracht der Umstände ist die Falschaussage das kleinere Übel, weil sie den geschützten Raum der Familie höher achtet als das Interesse des Lehrers.

Die Karten offen legen muss man nur gegenüber denen, die ein moralisches Recht darauf haben. Hätte Bonhoeffer gegenüber dem Nazihaftrichter die Umsturzpläne zugegeben, hätte er nicht einmal im vollen Sinne die Wahrheit gesagt. Denn welches Recht sollten die Nazis auf ein so hohes Gut wie die Wahrheit haben? Schließlich sabotieren sie Recht und Wahrheit prinzipiell.

Ist Wahrheit das, was der Fall werden soll?

Daraus folgern manche, dass sich die Bedeutung des Wortes Wahrheit ändern müsse: Es gehe nicht darum, die Realität besten Wissens wiederzugeben, sondern darum, strategisch so zu sprechen, dass das beste Resultat herauskommt. Der Zweck heilige die Mittel. Es gehe nicht um den eigenen Vorteil, sondern (in einem »christlichen Utilitarismus«[13]) darum, was dem Nächsten dient. Wahr sei nicht, was der Fall ist, sondern wahr sei eine Aussage, die anstrebt, was in Zukunft der Fall sein soll.

Mit Bonhoeffer kann man so eine Position nicht begründen. Zwar ist für ihn der einzige gangbare Weg, sein Handeln gegen die Nazis zu bestreiten. Dennoch ist das für ihn keineswegs ethisch unproblematisch. Laut Bonhoeffer rechtfertigt ein Nutzen für den Nächsten nicht allgemein die Falschaussage. Dazu wäre vielmehr das Verhindern von einer bestimmten Art von Unrecht nötig. Mit der Falschaussage schützt Bonhoeffer sich und seine Mitverschwörer. Dennoch kommt die Klarheit und Schlichtheit der Wahrhaftigkeit unter die Räder. An die Stelle der Geradheit tritt die strategische Kalkulation, und die charakterliche Aufrichtigkeit gerät in Gefahr. Mit dieser Schwierigkeit sieht sich Bonhoeffer weiterhin konfrontiert.

Die Wirklichkeit »in Christus«

Die Wahrheit zu sagen, bedeutet für Bonhoeffer, die Dinge so auszusprechen, wie sie »in Gott«, in Christus sind: nicht unbedingt, wie ein Detektiv sie empirisch vorfindet, aber so, wie sie in einem tieferen Sinn mit Christi Kreuz und Auferstehung wirklich sind. Das schließt zwei Dinge ein, die sich manchmal widersprechen können. Zunächst: Der Gott, der die Wahrheit gebietet, fordert konkrete Verantwortung in der Situation, in die wir gestellt sind. Wahrheit ist etwas Praktisches. Dass Bonhoeffer sich und die Mitverschwörer nicht ans Messer liefert und sinnlose Gewalt vermeidet, ist ein wesentlicher Schritt zur Wahrheit. Das Motto, »es geschehe Gerechtigkeit« – und: man sage bestens Wissens, was der Fall ist –, »auch wenn die Welt zugrunde geht«, ist ein abstraktes Missverständnis von Wahrheit.

Weshalb auf Transparenz beharren?

Das macht aber zweitens Bonhoeffers Falschaussage im Verhör noch nicht zur Wahrheit. Auch die Auskunft des

Schulkindes hält er nicht für die Wahrheit. Zur Wahrheit gehört es, nicht wissentlich einen falschen Eindruck der Wirklichkeit zu vermitteln. Bonhoeffer fürchtet, dass sich bei wiederholter Falschaussage »der Begriff der Wahrheit gänzlich auflöst«.[14] Wenn sich allein nach den Folgen bemisst, was wahr ist, wird die Verantwortung beim Sprechen allzu groß, und Wahrheit und Manipulation werden ununterscheidbar.

Die Wahrheit gar nicht mehr im Sinne der Transparenz zu verstehen, ist uns nicht möglich. Daran hält Bonhoeffer auch in seinem Aufsatz fest. An anderer Stelle fragt er sich, ob er, der die »Künste der Verstellung« gelernt hat, im moralischen Sinn überhaupt noch »brauchbar« ist.[15] Hat ihn der Widerstand gegen die Nazis – in bitterer Ironie – korrumpiert? Es macht beides zusammen die Wahrheit aus: praktische Verantwortung und Verzicht auf Irreführung. Man könnte hier an das Jesuswort erinnern, »Seid klug wie die Schlangen und ohne Falsch wie die Tauben« (Mt. 10,16). In Extremsituationen wird es damit allerdings schwer oder unmöglich, die Wahrheit zu sagen.

Wenn die Lüge inflationär wird

Das Wort »postfaktisch« wurde 2016 in Deutschland zum Wort des Jahres gewählt, und in den USA 2022 das Wort »gaslighting« – also eine plumpe Manipulation, die der Gehirnwäsche gleichkommt. Bei Trump und Putin gehört die Lüge zur gewöhnlichen Rede. Doch schon Barack Obama, ein respektabler Politiker ganz anderen Kalibers, kommt bloß auf einen Wert von 50 Prozent von öffentlichen Aussagen, die wahr oder überwiegend wahr sind und nicht bloß Halbwahrheiten oder Lügen.[16] Die strategische

Falschaussage kann leicht zur inflationären Lüge führen. Bonhoeffer: »An die Stelle der echten Worte tritt das Geschwätz. Die Worte haben kein Gewicht mehr.« Dann ist es aber nur noch ein kleiner Schritt dahin, dass die Wörter »wahr« und »falsch« ihre Bedeutung verlieren. In Deutschland etwa beschimpfen Demonstrierende Journalisten mit dem Wort »Lügenpresse«. Doch die Wörter »Lüge« und »Wahrheit« werden dabei zu bloßen Kampfmitteln im Ringen um politischen Einfluss.

Eine kritische politische Öffentlichkeit lässt sich effektiv untergraben, wenn man »Bullshit« zum regulären Bestandteil des öffentlichen Lebens macht. Dem Sprecher ist es gleich, ob die Aussage völlig unplausibel ist. Der Philosoph Harry Frankfurt meinte 1986 noch, ein »Bullshitter« messe seine Aussagen zwar nicht am Maßstab der Wahrheit – er lüge also noch nicht einmal, sondern äußere sich vollkommen willkürlich –, aber er täusche als Person doch Aufrichtigkeit vor, um mit heißer Luft durchzukommen.[17] Doch die Aussagen der Rechtspopulisten und Rechtsextremisten sind derart plump, dass selbst die Pose der Wahrhaftigkeit durchsichtiger Schein ist. Wer diese inflationären Unwahrheiten duldet, verabschiedet sich von einem Gemeinwesen, in dem man sich politisch mündig, sachlich und kritisch als Bürger:in betätigen kann. Um sich gegen solche Entwicklungen zu wehren, ist das Verständnis von Wahrheit als dem, was der Erfahrung und der Wirklichkeit entspricht, unverzichtbar.

Schlussfolgerung

Zu sagen, was der Fall ist, ist oft moralische Pflicht. Um der Bequemlichkeit oder eines unlauteren Vorteils willen sind

Lügen nicht gerechtfertigt. Auch sonst ist ein leichtfertiger Umgang mit der Wahrheit persönlich wie politisch schädlich. Doch im Extremfall kann auch ein offenes Aussprechen dessen, was in unserer Erfahrung der Fall ist, schlimme Konsequenzen haben – etwa in Bonhoeffers Verhör durch die Nazis. Dem Ehepartner schulden wir die Wahrheit in einem viel stärkeren Sinne als der politischen Autorität, die das rein Private nichts angeht, und Behörden, die ein offenkundig undemokratisches Unrechtsregime vertreten, schulden wir moralisch noch weniger. Dann kann der Wahrheit besser gedient sein, indem man die Aussage effektiv verweigert oder sich nicht an das Vorfindlich-Faktische hält. Zum anderen Beispiel: Hat ein Freund einen neuen, aber unvorteilhaften Haarschnitt, hilft entweder Zurückhaltung oder ein vertrauliches, offenes Wort. Doch unter besonderen Umständen könnte das unbarmherzig und lieblos sein und somit nicht die Wahrheit im eigentlichen Sinne, in Christus.

In Ausnahmefällen kann es unmöglich sein, im Reden sowohl der praktischen Verantwortung gerecht zu werden als auch nur das zu sagen, was der Fall ist. Wir sollen beides, unser Sollen und unser Nicht-Können, anerkennen, die am wenigsten schlechte Option wählen und Gottes Vergebung suchen.

Literatur

ROCHUS LEONHARDT und MARTIN RÖSEL (Hg.), Dürfen wir lügen? Beiträge zu einem aktuellen Thema, Neukirchen-Vluyn 2002. • MARIA-SIBYLLA LOTTER, Die Lüge. Texte von der Antike bis in die Gegenwart, Ditzingen 2017. • CNN, Bannon on Trump era technique »Flood the zone with sh*t«, 1.11.2020, https://epov.short.gy/Uit9vv.

Kann man noch guten Gewissens *Kinder in diese Welt setzen?*

Laut einer Umfrage von 2021 haben knapp 40 Prozent der jungen Menschen in Deutschland Bedenken, Kinder zu bekommen, besonders aufgrund der Klimakrise.[18] Manche meinen gar, aufgrund des Kohlenstoff-Fußabdrucks des neuen Individuums sollten es sich alle stark überlegen, überhaupt noch Kinder zu bekommen. Solche Bedenken spielen auch eine große Rolle in Verena Kesslers Roman »Eva«. In der Tat sind zuletzt die Geburten in Deutschland zurückgegangen. Zwar sind die Gründe keineswegs klar. Die Befürworterinnen eines »Gebärstreiks« halten nicht nur Flugscham, sondern auch Kindscham für angebracht. Traditionell gilt dagegen im Christentum ein Rollenbild, laut dem junge Menschen bald nach der Heirat Eltern werden. Wie ist hier ethisch zu urteilen?

Das traditionelle christliche Familienbild

Die christliche Tradition hat es kinderlosen Frauen oft unnötig schwer gemacht. Laut der herkömmlichen kirchlichen Moral gehören Kinder zu einem schöpfungsgemäßen, erfüllten Leben. Jesus und Paulus seien nur deshalb kinderlos, heißt es, weil sie ihr Leben ganz in den Dienst von Gottes erlösendem Handeln stellten. In den älteren biblischen Erzählungen wiederum erlebten Frauen Kinderlosigkeit als Schicksalsschlag. Kinder galten als Segen, weil sie ihre Eltern im Alter versorgten und den Familiennamen fortführten.

Jesus wiederum war parteilich für Kinder: »Ihnen gehört das Reich Gottes«. Ergreift er bewusst Partei für die Kleinen und Machtlosen? Dazu aufgerufen, Kinder zu bekommen, hat er aber nicht. Das Neue Testament ist im Glauben geschrieben, dass Gottes Gericht der Welt bald ein Ende setzt. Als diese Erwartung allmählich verblasst, schätzt man die Fortpflanzung stärker positiv ein: Familien werden zu Mitarbeiterinnen des Schöpfers und erhalten die Menschheit aufrecht. Frauen können allerdings in der Familienplanung meist nicht mitbestimmen. In der Neuzeit beginnt man, Kinder nicht mehr bloß als unfertige Erwachsene zu betrachten. Im 20. Jahrhundert meint Hannah Arendt: Mit dem Kind kommt etwas unableitbar Neues in die Welt. Doch die Position, dass der CO_2-Ausstoß von Kindern klar zum Aussterben der Menschheit beiträgt, könnte gar das Gegenteil der Ansicht bedeuten, die Familie unterstütze den Schöpfer in der Erhaltung der Menschheit.

Bedenken gegen den Kinderwunsch

Dem traditionellen Familienideal steht nicht nur ein immenser sozialer Wandel gegenüber – staatliche Alterssicherung, Berufstätigkeit von Frauen und Empfängnisverhütung. Hinzu kommt das Bevölkerungswachstum. Es leben über acht Milliarden Menschen auf der Welt. Außerdem stößt jedes Neugeborene im Laufe seines Lebens viel

Treibhausgas aus. Im Durchschnitt emittieren Bundesbürger:innen je acht bis elf Tonnen CO_2 pro Jahr.[19] Kann man ein neues Kind noch verantworten? Hinzu kommt die individuelle Sorge um das einzelne Kind. Man malt sich ein krisengeschütteltes Leben mit steigendem Meeresspiegel, Hitzewellen und Sturmfluten aus. Das sei gegenüber dem Kind nicht verantwortbar, so hört man.

Überbevölkerung

Das Bevölkerungswachstum hat sich allerdings bereits verlangsamt. Zwar wird die Weltbevölkerung in etwa 45 Jahren auf 10 Milliarden ansteigen, doch der Scheitelpunkt des Wachstums dürfte dann erreicht sein. In zahlreichen Gegenden der Welt – besonders denen mit hohen Emissionen – wächst die Bevölkerung schon jetzt nicht mehr. Wer sich Sorgen über das Wachstum macht, sollte sich für eine Verbesserung der Lebensstandards in Afrika einsetzen. Damit dürfte die Reproduktionsrate abnehmen – wobei allerdings Afrika ohnehin kaum Emissionen produziert.

In Deutschland dagegen übersteigt die Sterberate schon lange die Geburtsrate. Während heute 100 Erwerbstätige für etwa 35 ältere Menschen wirtschaftlich aufkommen, werden sie in knapp 30 Jahren 47 Seniorinnen und Senioren versorgen müssen.[20]

Verbreitete Irrtümer

Beim Gebärstreik geht es meist um eine Studie, laut der eine Person zwölf Mal so viel CO_2-Emissionen verursache, wie man einsparen kann durch Verzicht auf Auto, Fleischverzehr und Langstreckenflüge.[21] Die Autoren rechnen einem Neugeborenen anteilig auch die Emissionen der Nachkommen bis in die ferne Zukunft zu. Doch sollte man nicht vor allem auf die nächsten zwei bis drei Generationen schauen? Hier stellt sich das Problem und nicht im Laufe von dreihundert Jahren. Außerdem rechnen die Autoren mit konstanten Emissionen auf dem Stand von 2005. Seither haben sie sich aber in Deutschland pro Kopf um etwa ein Viertel verringert. In den kommenden 15 Jahren ist in Europa mit einem noch stärkeren Rückgang zu rechnen. Also verursachen Kinder deutlich weniger Emissionen als angenommen.

Außerdem schlagen industrielle Emissionen wesentlich stärker als die individuelle Lebensführung zu Buche. Um davon abzulenken, hat der Ölkonzern BP das Konzept des individuellen CO_2-Fußabdrucks popularisiert: Vor allem der individuelle Lebensstil sei für die Klimakrise verantwortlich und nicht die politische und wirtschaftliche Großlage.[22] Dagegen sollte die Politik etwa die Öl-, Gas- und Kohleunternehmen deutlich stärker an den Kosten des Klimaschutzes beteiligen. Shell, BP und Chevron machen exorbitante Gewinne auf Kosten des Planeten, aber man sucht das Problem im Privatleben der Bürger:innen!

Eigentor

Hinzu kommt, dass ältere Menschen tendenziell weniger Interesse verspüren, die Gesellschaft zukunftsfähig aufzustellen. Während Schüler:innen freitags für den Klimaschutz protestierten, kamen Bedenken aus den Parteien, die besonders von den Älteren gewählt werden. Es braucht viele junge Wähler und nicht weniger, um auch in Zukunft eine Politik der Nachhaltigkeit auf den Weg zu bringen.

Wenn sich Umweltschützer aus Sorge um die Umwelt selbst abschaffen, geben bald diejenigen den Ton an, die sich für die Umwelt wenig interessieren. Dass auch diejenigen, die gegenüber einem Kind aufgeschlossen sind, darauf verzichten sollten, lässt sich gegenüber zukünftigen Generationen nicht rechtfertigen.

Die individuelle Sorge um das Kind

Wie steht es aber mit dem subjektiven Erleben der zukünftigen Generationen – ist ihnen die zunehmende Klimakrise zuzumuten? Wenn wir Mutmaßungen über das Erleben anderer anstellen, unterschätzen wir oft deren Anpassungsleistungen. Mit einem drastischen Beispiel gesagt: Wird jemand durch einen Unfall querschnittsgelähmt, empfindet er oder sie das als schweren Einschnitt. Doch im Vergleich zu vorher erleben die Betroffenen ein Jahr nach dem Unfall typischerweise kaum mehr eine Minderung der Lebensqualität.[23] Und diejenigen, die von Anfang an unter erschwerten Umständen aufwachsen, beschreiben ihr Leben positiv.

Dass man das Leben als sinnlos empfindet, wenn es härter wird, gilt in dieser Allgemeinheit nur in besonders schweren Fällen, wenn überhaupt. Gewiss sollen wir Härten reduzieren. Doch ob das Leben eines Menschen allgemein sinnvoll ist und Wert hat, ist eine andere Frage als die, ob die Umstände angenehm sind. Neue Erfahrungen der Gemeinschaft oder der Einsatz für Gerechtigkeit können etwa die Erfahrung des Sinns verstärken.

Hoffnung in Krisen

In christlichen Gemeinschaften machen Menschen immer wieder solche Erfahrungen von Gemeinschaft und Zusammenarbeit, auch in schweren Situationen. Aus solchen Erlebnissen speist sich auch die Hoffnung, dass Gott den zukünftigen Generationen ebenfalls seinen Segen schenken wird. So kann man auch in diese krisengeschüttelte Welt noch guten Gewissens Kinder setzen.

Daraus folgt nicht, dass die Kirchen Menschen dazu aufrufen sollten, Kinder zu bekommen. Kinderlosigkeit kann, auch außerhalb einer besonderen geistlichen Berufung, eine legitime Option sein. Wer sich dagegen ein Kind wünscht, soll sich nicht durch das Klima-Argument umstimmen lassen!

Zukunftsangst

Vielen Menschen bereitet die Klimakrise Zukunftsangst. Oft können auch gute Vernunftargumente ein starkes Angstgefühl nicht entkräften. So besteht das Problem, das Kirchen mit dem Wunsch der Kinderlosigkeit haben, nicht in der Kinderlosigkeit selbst, sondern in der Zukunftsangst. Wie auch immer sich junge Menschen zum Thema Kinderwunsch verhalten: Christlichen Gemeinden gelingt es anscheinend nicht, das Gottesvertrauen und die Hoffnung zu vermitteln, die vielen jungen Menschen die Zukunftsangst nehmen würde.

Literatur

HANNAH RITCHIE, Hoffnung für Verzweifelte. Wie wir als erste Generation die Erde zu einem besseren Ort machen, München 2024 • VERENA KESSLER, Eva, Berlin 2023. • JÜRGEN MOLTMANN, Der Mensch – eine missglückte Schöpfung? in: Weisheit in der Klimakrise: Perspektiven einer Theologie des Lebens, Gütersloh 2023, 19–30. • HANS JONAS, Das Prinzip Verantwortung. Versuche einer Ethik für die technologische Zivilisation, 5. Aufl., Frankfurt/Main 2015, Kap. 2.

KAPITEL II

SEXUALITÄT UND GESCHLECHTERGERECHTIGKEIT

Frauenquote:
pro und contra

Frauen haben ein 32 Prozent höheres Risiko zu sterben, wenn sie von einem Chirurgen statt von einer Chirurgin operiert werden. Etwa 77 Prozent der Chirurgen in Deutschland sind aber männlich.[24] Wenn Sie nicht selbst eine Frau sind, kann noch immer Ihre Mutter, Partnerin, Schwester oder Tochter von dem erhöhten Risiko betroffen sein. Möglich, dass eine Frauenquote im Beruf die Lage verbessern würde, für Chirurginnen wie für Patientinnen! Dass Männer in einflussreichen Positionen überrepräsentiert sind, beeinflusst in der Wirtschaft außerdem die Gender-Pay-Gap, die Tatsache, dass Frauen durchschnittlich weniger verdienen als Männer (je nach Berechnung 6 oder 18 Prozent). Selbst in traditionell weiblichen Berufen wie der Pflege und unter Erzieher:innen werden Männer für die gleiche Arbeit besser bezahlt.[25] Für Frauen mit Migrationshintergrund und besonders mit dunkler Hautfarbe ist die Lage noch schwieriger. In der Wirtschaft müssen börsennotierte Unternehmen inzwischen zumindest eine Frau im Vorstand haben, sofern der mindestens drei Personen umfasst. Seither ist die Zahl der Frauen in den Vorständen auf 19 Prozent angestiegen.[26] Trotzdem bleibt viel zu tun. Im Grundgesetz heißt es nämlich (Art. 3): »Der Staat fördert die tatsächliche Durchsetzung der Gleichberechtigung von Frauen und Männern und wirkt auf die Beseitigung bestehender Nachteile hin.« Sollte man eine Quote auch in anderen Bereichen, etwa der Medizin, einführen?

Männerquote

Für die Quote spricht, dass Frauen trotz Eignung oft nicht den Sprung in eine verantwortungsvolle Position schaffen, weil Entscheidungen in Männernetzwerken gefällt werden. Diejenigen in Führungspositionen fördern diejenigen, die ihnen ähnlich sind. So kommt es zum »Thomaszyklus«[27]: Ein Thomas (lange der häufigste Name in Führungspositionen) stellt einen Thomas ein. Tatsächlich herrscht allzu oft eine Männerquote. Inzwischen sind für neun Frauen zehn Christians in den Vorständen vertreten.

Der »Thomaszyklus« zeigt sich auch in der Medizin: Unter den Chefärzten und -ärztinnen sind nur 15 Prozent weiblich,[28] obwohl Frauen schon seit 1997 unter Medizinstudierenden in der Mehrheit sind. Frauen werden trotz guter Qualifikationen benachteiligt.

Vereinbarkeit von Beruf und Familie

Unter Frauen, die Teilzeit arbeiten, geben außerdem 44 Prozent an, Verpflichtungen in Kinderbetreuung oder Pflege hielten sie von der gewünschten Vollzeitarbeit ab.[29] Während der Covidpandemie kam es oft dazu, dass Frauen sich zunehmend aus dem Berufsleben zurückzogen, weil Schulen geschlossen waren und mehr Betreuungsarbeit anfiel. Doch für eine bessere Vereinbarkeit von Beruf und Familie zu sorgen, hat für Männer in der Politik eine niedrigere Priorität, und so bedarf es einer größeren Zahl von Frauen in politischen Entscheidungsämtern.[30] Das ist schon um einer tatsächlich repräsentativen Demokratie willen notwendig, setzt aber wieder eine bessere Vereinbarkeit von Beruf und Familie voraus. Um diesen Teufelskreis zu durchbrechen, können Quotenregelungen mit den langsamen Verbesserungen, die sie anscheinend bringen, ein geeignetes Instrument sein.

Geschlechtsblindheit?

Doch anstatt das eine Geschlecht gegenüber dem anderen zu bevorzugen, sollte man nicht besser dafür sorgen, dass die besten Kandidat:innen das Amt erhalten unabhängig vom Geschlecht? Sollten wir »geschlechtsblind« sein, so wie manche in den USA gegen die Fördermaßnahmen für Schwarze vorbringen, sie seien »farbenblind«?

Wenn das klappen würde, wäre das ideal. Im Journalismus hat sich die Repräsentation von Frauen in den vergangenen zehn Jahren deutlich verbessert. Das ging zwar auch ohne Quote, doch dazu bedurfte es deutlichen Drucks, und noch immer kommt ein Leitmedium wie die FAZ bei Herausgebern und Redaktionsleitungen komplett ohne Frauen aus. In der Wirtschaft dagegen war eine politische Initiative gescheitert, mit der sich Unternehmen ab 2011 verpflichteten, den Frauenanteil in den Vorständen freiwillig zu erhöhen, ohne formale Quote. Das lag nicht an mangelnden Kandidatinnen, denn als sich abzeichnete, dass die nun bestehende Quotenregelung zum Gesetz wird, gingen die Zahlen nach oben. Wenn andererseits in einem bestimmten Bereich nur sehr wenige Frauen entsprechende Qualifikationen haben, ist die Quote nicht sinnvoll.

Das Verdienstprinzip

Dass ohne die Quote ein Mann die Position erhielte, bedeutet also nicht einfach, dass er fachlich besser geeignet sei und dass die Quote seine Würdigkeit herabstufe. Dass die Quote dem Verdienstgedanken widerspreche, stimmt so nicht. Vermutlich stärkt sie oft das Verdienstprinzip. Ebenso irren wir uns, wenn wir meinen, wenn sich alle einen Ruck geben, könnten wir die Ämtervergabe auch ohne Quote überall geschlechtergerecht und fair gestalten.

Dennoch ist es im Einzelfall denkbar, dass ein Mann mit besseren Qualifikationen den Posten nicht erhält aufgrund einer Frauenquote. Kritiker wenden ein, dass die Quote in der entscheidenden Frage der fachlichen Eignung falsche Kompromisse macht, um durch soziale Manipulation wünschbare gesellschaftliche Resultate zu erzielen. Der innere Sinn etwa einer Anwaltskanzlei bestehe aber in der sachgemäßen Auslegung des Rechts. Die Teilhabe beider Geschlechter an Ämtern sei demgegenüber ein sachfremder Gesichtspunkt, der nichts mit der Juristerei an sich zu tun hat. Die Quote würde Unternehmen für ihnen fremde Ziele instrumentalisieren. Deshalb müsse es in der Anstellung von Jurist:innen allein um juristische Fähigkeiten gehen und nicht ums Geschlecht. Doch diese Kritik irrt an zwei Stellen.

Die Quote macht auch fachlich Sinn

Erstens kommt die Quote längerfristig durchaus der fachlichen Eigenlogik des Unternehmens oder der Partei zugute. Dank Thomaszyklus liegt nicht nur ein großer Teil des Talentpools brach. Da außerdem medizinische Berufsverbände und Chefarztposten überwiegend mit Männern besetzt sind, werden Bereiche, für die sich Frauen eher interessieren als Männer, in Forschung und Ausbildung vernachlässigt: Frauenheilkunde, Geburtshilfe, Verhütung und Schwangerschaftsabbruch. Die medizinischen Resultate sind schlechter.[31] Unternehmen mit einem ausgewogeneren Geschlechterverhältnis leisten dagegen oft bessere Arbeit als die klassischen Männerverbände. Während der Covidpandemie waren etwa die Infektionsraten in Ländern und US-Bundesstaaten geringer, an deren Spitze Frauen standen. In der Wirtschaft sind Unternehmen mit mehr Frauen in der Leitungsebene erfolgreicher. In der Regel hat die Beteiligung von Frauen einen positiven Einfluss, sobald sie mehr als ein Drittel der Mitarbeiter:innen in Verantwortungspositionen ausmachen.

Zweitens lässt sich der innere Sinn eines Unternehmens oder einer Partei nicht allein auf einen einzelnen fachlichen Zweck allein begrenzen, eine einzige Kernkompetenz, die durchs Produkt definiert wird. Laut dem Grundgesetz gilt, dass Eigentum verpflichtet und dem Gemeinwohl dienen muss (Art. 14 GG). Es wäre zu abstrakt, einen Sportartikelhersteller allein auf die Sportartikel selbst zu reduzieren, so als ob die im luftleeren Raume produziert würden.[32]

Stellvertretung

Die Quote verlangt von den Bürgern das, was Dietrich Bonhoeffer Stellvertretung nannte – auch wenn er Quoten nicht kannte. Oft wird erst die Quote dafür sorgen, dass die Eignung einer Frau für ein Amt angemessen berücksichtigt wird. Doch unter Umständen erhält möglicherweise ein Mann eine Position nicht, obwohl er leicht bessere formale Qualifikationen vorweisen kann. Dieser mögliche Nachteil ist aber geringer als der Nachteil, den Frauen tatsächlich erleiden. Hier bedeutet Stellvertretung eine Identifikation mit der gemeinsamen Sache, für die man sich einsetzt und die man mit einer gewissen »Hingabe ... an den anderen Menschen«[33] verfolgt. Denn Fairness im beruflichen Leben lässt sich kaum herstellen, ohne dass jemand vorübergehend einen Nachteil in Kauf nimmt. Der männliche Bewerber ist gefragt, ob er sich nicht auch berechtigte Interessen der Mitbewerberin und der Gesellschaft zu eigen machen kann und, einen potentiellen Nachteil in Kauf nehmend, stellvertretend auch für sie handeln kann. Das ist ein bescheidener Beitrag im Vergleich dazu, dass Christus in einem umfassenderen Sinn stellvertretend für alle Menschen gehandelt und sein Leben für sie hingegeben hat.

Ausblick

Die Quote ist ein sinnvolles Instrument dafür, dass Frauen es in Verantwortungspositionen schaffen und sich die Vereinbarkeit von Familie und Beruf verbessert. Sie dient einem faireren Miteinander, von dem letztlich alle profitieren. Das Risiko, dass Frauen mit medizinischen Problemen kämpfen, die man eigentlich beheben könnte, bis hin zum verfrühten Tod, würde sinken. Etwas anderer Art sind die Probleme, die aufgrund überwiegend männlicher Führungskräfte in den Kirchen vorliegen. Auch hier wäre eine Quote zu diskutieren.[34]

Literatur

SARA WEBER, Schöne neue Arbeitswelt, in: Aus Politik und Zeitgeschichte 73, 15–16 (2023), 26–31. • ALEXANDRA ZYKUNOV, »Was wollt ihr denn noch alles?!« Zahlen, Fakten und Absurditäten über unsere ach-so-tolle Gleichberechtigung, Berlin 2023. • MICHAEL J. SANDEL, Gerechtigkeit. Wie wir das Richtige tun, Frankfurt/Main 2024, Kap. 7.

Gendern:
maßvolle Fortschritte statt Kulturkampf

Das Gendern bietet immer wieder Sprengstoff in öffentlichen Debatten. Die Deutschen lehnen die Sonderformen der geschlechtergerechten Sprache mit klarer Mehrheit ab: Ihnen verkomplizieren Genderdoppelpunkt oder Binnen-I die Sprache zu sehr. In mehreren Bundesländern sind inzwischen die Sonderformen in amtlichen Texten und an Schulen verboten: in Sachsen, Sachsen-Anhalt, Schleswig-Holstein, Bayern und Hessen, mit Einschränkung auch in Baden-Württemberg. Eine Genderpflicht gilt in keinem Bundesland, aber einzelne Stadtverwaltungen haben sich fürs Gendern entschieden. Unter 132 deutschen Hochschulen geben anscheinend drei Fachhochschulen das Gendern in Leitlinien vor.[35] Allgemein gilt: Sollten Studierenden aus sprachlichen Gründen Punkte abgezogen werden, handeln die Lehrenden auf eigene Faust – teils gegen männliche Sprache, teils gegen das Gendern. Das wäre unfair, doch wer dann bei der Unileitung Einspruch einlegt, hat gute Aussichten.

Inklusive Sprache wird oft so geschildert, als ob die sprachliche Sichtbarkeit von Frauen teils ein Anliegen der formellen, abstrakten Gleichheit wäre und teils ein ästhetisches. Aber könnte es nicht auch konkretere Folgen haben, wenn wir etwa Menschen in Verantwortungspositionen konsequent als männlich darstellen? Diese Frage stellen viele Beiträge zum Thema nicht.

Was gegen das Gendern spricht

Schöner werden Texte jedenfalls durchs Gendern nicht. Manche empfinden die zusätzliche Nennung von Frauen – »Bürgerinnen und Bürger« – als überfrachtet. Sinnvoll finde ich, dass die neueren Bibelübersetzungen »Brüder und Schwestern« schreiben, wenn Paulus die »Brüder« anspricht, aber auch Frauen meint. Pedantisch wäre es aber, »Kanaanäerinnen und Kanaanäer, Hetiterinnen und Hetiter, Perisiterinnen und Perisiter ...« (Esra 9,1) zu schreiben. Kritiker:innen des Genderns führen sodann vor, wie das Gendern zu sprachlichen Verrenkungen wie »Bürger:innenmeister:innen« oder »Innenarchitekt:innen« führen kann. Im Singular wird's ebenfalls kompliziert für den/die Leser:in. Sowohl das Schriftbild mit Binnendoppelpunkt als auch die Pause in der Aussprache können befremdlich wirken. Bei konsequent durchgegenderten Texten stockt der Lesefluss. Deshalb sind auch der Deutsche Blinden- und Sehbehindertenverband und der Bundesverband Legasthenie und Dyskalkulie eher gegen Sonderschreibweisen. Dass sich »der Autor« verständlich macht und darauf ein »Leserbrief« antwortet, ist dagegen knackig und kurz. Verglichen damit kann der Eindruck entstehen, durchs Gendern möchte sich eine vermeintlich fortschrittliche, aber verkopfte Elite vom Ottonormalverbraucher abgrenzen.

Was fürs Gendern spricht

»Autor« und »Leser« seien dagegen nur der grammatischen Form nach männlich, so die traditionelle Position, in der Aussageabsicht aber »generisch«. Frauen seien generös »mitgemeint«. Doch wiederholt belegen empirische Studien: Spricht man von einem Wissenschaftler oder Autor, denkt man überwiegend an einen Mann. Man denkt sogar dann an Männer, wenn von typischen Frauenberufen die Rede ist, wie bei »Kosmetikern« und »Krankenpflegern«.[36] Es hilft auch nicht, ausdrücklich darauf hinzuweisen, dass mit der grammatisch männlichen Form Frauen mitgemeint seien.[37] Dagegen hat man auch Frauen vor Augen, wenn Texte ausdrücklich von Lehrerinnen und Lehrern sprechen. So verschleiert der männliche Standard wichtige Einsichten, etwa dass die Jünger:innen und Apostel:innen im Neuen Testament auch Frauen umfassen (Apg. 9,36; Röm. 16,7). Das generische Maskulinum ist oft eine Fiktion.

In ihrer Kritik am Gendern berufen sich viele auf den Rat für deutsche Rechtschreibung – in öffentlichen Fragen der Rechtschreibung das maßgebliche Gremium. Er hat entschieden, dass die inklusiven Sonderzeichen orthografisch nicht korrekt sind. Doch in der entsprechenden Richtlinie des Rates wird der erste Satz oft ignoriert: »Der Rat für deutsche Rechtschreibung hat ... seine Auffassung bekräftigt, dass allen Menschen mit geschlechtergerechter Sprache begegnet werden soll.« Außerdem kommt es manchen Kritikern keineswegs auf den guten, treffenden Ausdruck an, trotz Insistierens auf korrektem Deutsch. Mit Schnappatmung wirft man den Freunden des Genderns sprachlichen »Terror« vor, »lebensbedrohende Attacken« auf die Sprache, ihre »Vergewaltigung« und »Zerstörung«. Elke Heidenreich meint, das Gendern »verhunzt« die Sprache: Dieser Trend sei »ein verlogener Scheißdreck«.[38] Aber die Tatsache, dass Bücher von Frauen systematisch weniger Aufmerksamkeit von Verlagen, Zeitschriften, Schulen, Universitäten und Literaturwettbewerben erfahren, ist schon ein Hinweis, dass das Gendern sinnvoll sein kann.[39] Das Leitbild von »dem Autor« ist letztlich ein Mann.

Bei den Einzelfragen der inklusiven Sprache wenden manche zum Beispiel gegen das Partizip »Radfahrende« ein, es bezeichne nicht diejenigen, die regelmäßig oder im weiteren Sinne Rad fahren, sondern nur die, die das im Augenblick aktiv tun. Die Aussage »die Radfahrenden stehen an der roten Ampel« ist genaugenommen unlogisch. Nach derselben Logik müsste man aber »Radfahrende« auffordern, den Radweg zu benutzen, nicht »Radfahrer«, also Leute, die nicht unbedingt jetzt aktiv Rad fahren. Ja, es geht hier nicht nur um Logik und abstrakte Regeln, sondern auch um das Sprachgefühl. Das kann sich aber wandeln. Ich hoffe, Genderfans versteigen sich nicht dazu, »Richtende« und »Backende« statt »Richter« und »Bäcker« sagen. »Studierende« und »Lehrende« empfinde ich aber längst als gewöhnliche Ausdrücke – so wie wir auch vom »regierenden Bürgermeister«, »Vorsitzenden« und von »Kulturschaffenden« sprechen.

Die Kritik am Gendern kommt aus den verschiedensten Milieus. Wer gegen die AfD demonstriert, ist keineswegs automatisch für inklusive Sprache. Manchmal hat die Kritik aber ein Geschmäckle. Sie wird von Rechtsradikalen popularisiert,[40] die offensiv ein patriarchales Menschenbild vertreten, und bei den Aufrufen des konservativen bis nationalistischen »Vereins deutsche Sprache« gegen das Gendern zählen neben integren Menschen auch Rechtsradikale zu den Erstunterzeichnern.[41] In Thüringen entstand der Eindruck, die CDU hat mit der AfD am gleichen Strang gezogen beim Versuch, ein Verbot des Genderns durchzusetzen, obwohl bereits eine thüringische Rechtsverordnung gendernde Sonderzeichen untersagt. Das bedeutet nicht, dass die Kritik am Gendern an sich chauvinistisch ist. Genausowenig sollte man aber einen moderat gegenderten Text reflexartig als elitäre Bevormundung bezeichnen, besonders dort, wo keine offiziellen Richtlinien zum Gendern auffordern. Auch im öffentlich-rechtlichen Rundfunk geben keine Leitlinien die inklusive Sprache vor.

It's a man's world

Fürs Gendern spricht, dass Sprache unsere soziale Realität prägt. Der Philosoph Ludwig Wittgenstein meinte zurecht: »Die Grenzen meiner Sprache bedeuten die Grenzen meiner Welt.«[42] Bei den Wörtern »Chef« oder »Bischof« denken die meisten an Männer. Teils gibt das die wirklichen Verhältnisse wieder. Doch Sprache gestaltet Realität mit, anstatt sie nur neutral zu beschreiben. Der Sprachgebrauch beeinflusst unsere Annahmen darüber, welche Rollen für Frauen angemessen sind. Dagegen werden Mädchen selbstbewusster, wenn sie von weiblichen »role models« erfahren. Doch noch trägt unsere männliche Sprache dazu bei, dass Frauen in Deutschland pro Arbeitsstunde im Durchschnitt 18 Prozent weniger verdienen als Männer. Die Grenzen, die unsere männliche Sprache unserer sozialen Wirklichkeit auferlegt, sind zu eng.

Natürlich wird sich die Gender-Pay-Gap nicht allein durch den inklusiven Sprachgebrauch schließen. Aber unsere männliche Sprache prägt vielfach unsere Welt, zum Nachteil von Frauen. Teilweise liegt es an der Sprache, dass Autobauer Sicherheitsmaßnahmen gerade für »Autofahrer« entwerfen und damit für Männer. Knautschzonen, Sitze und Airbags sind auf die Körpermaße von Männern und weniger von Frauen abgestimmt. Weil das Design

Männer als Standard behandelt, verletzen sich Frauen bei Autounfällen tendenziell stärker als Männer, mit einem höheren Todesrisiko.[43]

Auch in der Medizin wurde herkömmlich für »den Patienten« geforscht, und neue Medikamente wurden traditionell an »dem Probanden« getestet. Behandlungen sind oft auf Männer zugeschnitten. Am Arbeitsplatz werden Angestellte immer stärker vor krebserregenden Substanzen geschützt, doch die Forschung zu solchen Risiken beschäftigt sich überwiegend mit Männern. Brustkrebserkrankungen nehmen dagegen klar zu.[44] Damit solche Missstände nicht immer wieder neu auftreten, müsste auch die Sprache aufhören, stets Männer als die Norm auszugeben.

Sprache ist ambivalent

Unsere Sprache ist für uns wie für Fische das Wasser. Weil sie uns so vieles ermöglicht, ist sie unsere zweite Natur – so selbstverständlich, dass wir sprachliche Einseitigkeiten wie das Ausschließen von Frauen oft kaum wahrnehmen. So wird nicht der eingebürgerte Ausdruck, sondern der Veränderungswunsch als störend wahrgenommen. Eine Sprache, die schon immer vom Geschlecht mitbestimmt wurde, wird angeblich jetzt »sexualisiert«. Aber verständlich ist auch, dass Menschen eine Veränderung der Sprache als einen tiefen Eingriff in ihr Leben empfinden.

Sprache ist ambivalent. Sie ist das wichtigste Werkzeug des Menschen, sie kann Heimat sein, sie kann elegant sein. Oft ist sie aber auch ungerecht. Sie verbindet Menschen, aber sie trennt uns auch. Sie ist »Spielraum«, doch sie bleibt auch »Kampfplatz«.[45] In der Debatte ums Gendern geht es zwar auch um die Ästhetik, aber auch die Gewohnheit und die Aufrechterhaltung von traditioneller Macht spielen eine Rolle. Gerade weil die Grenzen unserer Sprache eng mit den Grenzen unserer sozialen Welt zusammenhängen, ist der Widerstand gegen das Gendern so energisch.

Maßvolle Fortschritte statt Kulturkampf: ein theologisches Plädoyer

Für Christinnen und Christen sollte die Ambivalenz des menschlichen Lebens, und so auch der menschlichen Sprache, keine Überraschung sein. Eigentlich wissen wir, dass in unserem Leben etwas zerbrochen ist und nicht stimmt, aber wir wissen auch, dass wir unser Leben nicht einfach mit gutem Willen und ein paar praktischen Genderrichtlinien heil und vollständig machen können. Dass wir unsere Hoffnung nicht auf uns selbst setzen, gehört zum Herzen des evangelischen Glaubens. Deshalb sollte es Christen auch einleuchten, dass weder ein Beharren auf der »guten abendländischen Tradition« noch ein entschieden »wokes« Reformprogramm unsere Sprache retten kann. So wird auch manchmal der Einsatz für die gute Sache moralistisch. Vor lauter Gendern-Müssen kommt es manchmal zu lachhaften Äußerungen, zum Beispiel »Islamist:innen« in einer Bildunterschrift zu bärtigen Taliban. Andererseits sollten wir uns eingestehen, dass eine Sprache, die andere konsequent ausschließt, nur scheinbar schön und elegant ist (»Sprachzauberer hier, Gendertechniker da«).

Diese Ambivalenz bedeutet aber nicht, dass alles beim Alten bleiben kann. Bemühen wir uns, die Sprache gerechter handzuhaben. Wo das aber zu Sprachverrenkungen führt oder manche sich bevormundet vorkommen, darf man sich auch die Freiheit zur Inkonsequenz herausnehmen. Mit der Zeit werden sich manche ans Gendern gewöhnen. Das Gendern der Singular-Formen finde zu kompliziert, und weil Legastheniker gegenderte Texte schlechter lesen können, sollte man es nicht übertreiben. Zwar ist noch zu diskutieren, wie auch die Nichtbinären sprachlich repräsentiert werden. Auch wenn wir keine volle Gerechtigkeit in der Sprache erreichen werden, wäre es ein Gewinn, wenn wir uns der sprachlichen Gerechtigkeit zumindest annähern. Aber immerhin haben Studien ergeben, dass Leser selbst dann Männer wie auch Frauen vor Augen haben, wenn man einen Text nur inkonsequent gendert.[46] Das halte ich für einen guten Kompromissvorschlag.

Literatur

Aus Politik und Zeitgeschichte 72, 5–7 (2022): Geschlechtergerechte Sprache. • CAROLINE CRIADO-PEREZ, Unsichtbare Frauen. Wie eine von Daten beherrschte Welt die Hälfte der Bevölkerung ignoriert, 6. Aufl., München 2020. • THORSTEN DIETZ und CLAUDIA JANSSEN, Welche Bedeutung hat die Bibelstelle Gal 3,28 für die Entwicklung einer geschlechtergerechten Sprache in der Kirche? Im Disput, in: JANTINE NIEROP (Hg.), Gender im Disput. Dialogbeiträge zur Bedeutung der Genderforschung für Kirche und Theologie, Hannover 2018, 49–63. • CLAUDIA JANSSEN und THORSTEN DIETZ, Eine Vision wird Wort. Die Bedeutung von Gal 3,28 für die Entwicklung einer geschlechtergerechten Sprache in der Kirche, in: NIEROP (Hg.), Gender im Disput (s.o.), 64–76.

Homosexualität

Das Landesgericht Bremen hat das Verfahren gegen den evangelischen Pastor Olaf Latzel 2024 eingestellt. Er wurde wegen vermeintlicher Volksverhetzung angezeigt. In einem Eheseminar für heterosexuelle Paare bezeichnete er Homosexualität als etwas »Teuflisches«. Traditionell erfährt das Thema im evangelikalen Christentum überproportional hohe Aufmerksamkeit, bedenkt man, dass die Bibel wesentlich häufiger etwa über soziale Gerechtigkeit spricht.

Dem steht die Öffnung der standesamtlichen Ehe für gleichgeschlechtliche Paare im Jahr 2017 gegenüber. Die evangelischen Landeskirchen in Deutschland erlauben ebenfalls die Segnung bzw. Trauung von Paaren unabhängig vom Geschlecht – ob Mann und Frau, gleichgeschlechtlich oder nicht-binär. Manche Kirchen sprechen hier ausdrücklich von einer Trauung, für andere ist die Segnung gleichbedeutend. Vergleichsweise wenige Landeskirchen geben den einzelnen Ortsgemeinden die Möglichkeit, sich gegen die Segnung bzw. Trauung von Paaren auszusprechen, die nicht aus Mann und Frau bestehen. Eine etwas andere Frage ist es, ob Kirchen nicht-binäre oder bisexuelle Personen ausdrücklich als Eheleute anerkennen.

Doch auch unter evangelikalen Christinnen und Christen in Deutschland verflüssigt sich der Umgang mit dem Thema Homosexualität. Michael Diener, ehemaliger Vorsitzender der Evangelischen Allianz in Deutschland und bekennender Pietist, befürwortete während seiner Amtszeit die Trauung gleichgeschlechtlicher Paare. Latzels scharfe Äußerungen waren wohl auch eine Reaktion darauf. Latzel ist Teil einer neueren, sehr konservativen Initiative gegen die Anerkennung Homosexueller, die aber anscheinend weniger Resonanz erfährt, als man traditionell erwarten würde.

An anderer Stelle flammt der Streit dagegen wieder auf. Die AfD möchte die Ehe für alle und das Allgemeine Gleichbehandlungsgesetz (»Antidiskriminierungsgesetz«) abschaffen. Für ihre Stimmungsmache gegen Queere beruft sie sich halbherzig auf das traditionelle Christentum. Die polizeilich gemeldeten Übergriffe gegen die LGBTQI-Community steigen unterdessen: 2022 erfassten die Behörden über 1.400 Straftaten in den Bereichen sexuelle Orientierung und geschlechtliche Diversität.[47] Die Dunkelziffer ist natürlich höher. Schwule und Lesben sind mit viel Argwohn und Feindschaft konfrontiert. Leider überrascht es nicht, dass sie deutlich häufiger als andere Suizidversuche unternehmen, und das liegt nicht nur an rechtsradikalen Übergriffen, sondern auch an traditionellen Vorbehalten. Die theologische Ethik ignoriert das aber.

Verschiedene Überblickswerke der evangelischen Ethik erkennen Homosexualität rundweg als legitime Form der sexuellen Identität an. Doch sie und auch manche, die eine gleichgeschlechtliche Orientierung nur unter Vorbehalt anerkennen, vertreten zugleich die Ansicht, dass verschiedene biblische Traditionen, die sich gegen Sex zwischen Männern richten, damit die Homosexualität verurteilen. Obwohl das unter Ethikern Konsens ist, ist das ein Irrtum. Der Unterschied ist wichtig, und ich werde darauf zurückkommen, doch für diese Ethikwerke ist die vermeintliche biblische Position ohnehin nicht entscheidend. Auch die vermeintlich besonders bibeltreuen Christen halten ja bestimmte biblische Anweisungen nicht für verbindlich (z.B. Apg. 15,20; 1. Kor. 11,5–6). Doch die biblischen Hinweise zu gleichgeschlechtlichem Sex beurteilen Konservative anders: Dort sehen sie einen theologischen Hinweis auf eine Schöpfungsordnung. Deswegen wird sie die Strategie der anderen Seite nicht überzeugen, zwar eine vermeintliche biblische Ablehnung der Homosexualität einzuräumen, sie aber dann zu ignorieren, vermutlich in der Ansicht, diese Texte besonders ernst zu nehmen, sei Biblizismus.

Meiner Meinung nach ist in der Frage der gleichgeschlechtlichen Orientierung Gottes Bejahung des Menschen in Christus entscheidend. Eine Verurteilung der Homosexualität steht dazu in Konkurrenz, schon weil sich hier Person und Verhalten nicht trennen lassen. Diejenigen, die eine Ablehnung der Homosexualität biblisch begründen möchten, sollten dagegen die Bibeltexte genauer durchdenken. Wer aber meint, man brauche die Bibeltexte gar nicht zu diskutieren, macht es sich zu leicht. So einfach verschwinden die Vorbehalte gegenüber Homosexuellen in Kirche und Gesellschaft nicht. Und kann außerdem eine Ethik das Herz am rechten Fleck haben, die darüber hinwegsieht, dass die fortbestehende gesellschaftliche Homonegativität zu massiven persönlichen Beeinträchtigungen führt?

Homosexualität in der Bibel – ein Anachronismus

Homosexualität oder gleichgeschlechtliche sexuelle Orientierung bedeutet, dass Männer im Grunde nur Männer, Frauen nur Frauen emotional, romantisch und sexuell attraktiv finden. Dieses Konzept wurde so im 19. Jahrhundert formuliert, und vergleichbare Wörter gibt es in den

Sprachen der Bibel und der Antike nicht. Zurecht gewinnt in der alttestamentlichen Forschung die Erkenntnis an Einfluss: Dass die Bibel Homosexualität kenne, ist ein »Anachronismus«, eine unreflektierte Gleichsetzung von Perspektiven verschiedener Epochen, die sich wesentlich unterscheiden. Auf dieser Grundlage könne nur ein »Obskurantist«[48] Schwule und Lesben verurteilen. Denn in der Vorstellung der biblischen Autoren gibt es Homosexualität nicht: Jeder Mensch ist dort heterosexuell. Deswegen hat man in der biblischen Welt weder für Hetero- noch für Homosexualität ein Wort.

Nicht bestreiten lässt sich, dass verschiedene biblische Texte bestimmte Formen von Sex zwischen Männern verurteilen. Hier geht es meist um homoerotische Praktiken, die aber keine prinzipielle, ausschließliche Orientierung auf jemanden desselben Geschlechts bedeuten. Letztes kennt die Bibel nicht. Was folgt daraus? Man könnte womöglich argumentieren, dass man heute aufgrund des damaligen biblischen Verbots von Sex zwischen Männern auch Homosexualität ablehnen müsste. Das ist aber nicht schlüssig. Um welche Texte geht es, und was ist die Logik hinter diesen Verboten? Hier werden die Fachdiskussionen teils sehr spezifisch!

Die biblischen Texte zu gleichgeschlechtlicher Sexualität

Die Verse 3. Mose 18,22; 20,13 verurteilen eine bestimmte Form des Geschlechtsverkehrs zwischen Männern scharf. Anders als in den üblichen Übersetzungen verbieten sie wahrscheinlich einem Mann, in der Position einer Frau Beischlaf zu halten mit einem Mann.[49] Wie in anderen

Texten aus der Umwelt Israels und der klassischen Antike auch geht es hier um die »Aufrechterhaltung einer gewissen Genderideologie«,[50] nach der der Mann beim Geschlechtsverkehr aktiv ist und die Frau untergeordnet.[51] In den vielen Anweisungen von 3. Mose 18; 20 geht es fast ausschließlich darum, was Männer tun dürfen und was nicht. Sexualität zwischen Frauen thematisiert das Alte Testament auch in diesen detaillierten Kapiteln nicht – dabei gerät ja kein Mann in die untergeordnete Position.

In der Geschichte von Sodom dagegen (1. Mose 19; ebenso Ri. 19) geht es um die Vergewaltigung von Männern durch Männer. Hier kommen weder Schwule (vgl. 1. Mose 19,8) noch Sexualität als wertschätzende Intimität vor. Der traditionelle, aber falsche Begriff der »Sodomie« für Homosexualität macht das unsichtbar, was man eigentlich Sodomie nennen müsste: dass nämlich auch heute noch heterosexuelle Männer andere Männer sexuell vergewaltigen.[52]

In der Geschichte von David und Jonathan (1. Sam. 18–20; 2. Sam 1,26) fragt sich, ob die Bibel eine homoerotische Sexualbeziehung schildert. Im Rahmen einer »platonischen« Herzensfreundschaft kann man das Verhalten der beiden Männer wohl nicht verstehen. Es ist aber auch möglich, »Küsse« und »Liebe« hier nicht persönlich-intim zu verstehen, sondern als Besiegelung eines politischen Bundes. Wenn doch homoerotisch, dann sind die beiden Männer aber nicht schwul, weil ihr Verhalten nicht in Konkurrenz dazu steht, dass sie jeweils verheiratet sind und Kinder haben.

Der Apostel Paulus nimmt Sex zwischen Männern tendenziell in bestimmten Schablonen wahr. In 1 Kor. 6,9 spricht Paulus unvermittelt von »Weichlingen«. Vielleicht meint er, beim Sex mit Männern verraten Männer ein testosterongesättigtes Männlichkeitsideal. Eine weitere Bezeichnung, »Mannsbeischläfer«, übernimmt er dort aus der griechischen Fassung von 3. Mose 18,22. Möglicherweise verurteilt Paulus Sex zwischen Männern allgemein. Doch vielleicht geht es um Gemeindeglieder, die – aktiv oder passiv – daran beteiligt waren, dass Männer männliche Teenager oder Sklaven sexuell ausbeuteten. Die griechisch-römische Antike respektierte das teilweise. Jedenfalls meint Paulus, die korinthischen Männer hätten ihre gleichgeschlechtlichen Praktiken jetzt aufgegeben.

In Röm. 1,26f. ist das einzige Mal von sexuellen Verfehlungen von Frauen die Rede. Es ist aber nicht klar, was Paulus kritisiert: vermutlich Sex mit Tieren (3. Mose 18,23)[53] oder mit Engeln (vgl. 1. Mose 6,1–4; 1. Kor. 11,5.10); nur vielleicht mit Frauen, obwohl das AT das nicht kritisiert. Männer wiederum, fährt Paulus fort, folgen krasser, blinder Lust im Verkehr mit Männern. Es folgt eine Tirade wüster Beschimpfungen. Insgesamt keine Basis, auf der man heute eine Ablehnung der Homosexualität begründen kann.

Homoerotisches Verhalten und gleichgeschlechtliche Orientierung

Die biblische Sicht auf gleichgeschlechtlichen Verkehr ist stark von einem bestimmten Männlichkeitsklischee geprägt und schweigt zu Frauen. Außerdem kannten die biblischen Autoren Homosexualität nicht, also die Ausschließlichkeit homoerotischer Beziehungen. Es wäre nun aber unverständlich zu sagen: Die Bibel verurteilt Geschlechtsverkehr zwischen Männern, und deshalb sei heute mit der Homosexualität auch eine besondere Form davon abzulehnen, bei Männern und Frauen. Dass heterosexuelle Intimität für manche Menschen prinzipiell nicht in Frage kommt, ist für die biblischen Autoren undenkbar. Sie schildern Männer, die mit einer Frau verheiratet sind oder sein werden, mit der sie leibliche Kinder haben oder haben wollen. Man stellt sich Sexualität als einzelne Verhaltensweisen in verschiedenen geschlechtlichen Konstellationen, aber im Rahmen der allgemeinen heterosexuellen Orientierung vor: Es gibt verschiedene Praktiken, aber alle Menschen sind in der Konstitution grundlegend heterosexuell. Also sollen Männer die sexuellen Kontakte zu Männern einfach sein lassen und gute Ehemänner sein. Heute wissen wir, dass Schwule und Lesben die Rahmenbedingungen dieser Sexualethik durcheinanderbringen. Ebenso ist Bisexualität für die biblischen Autoren nicht vorstellbar (mögliche Ausnahme: David und Jonathan), also dass für jemanden gleichgeschlechtliche Sexualität ebenso erfüllend sein könnte wie eine Beziehung zu jemandem des anderen Geschlechts.

Die Erwartung, Lesben und Schwule könnten gleichgeschlechtliche Sexualität einfach aufgeben zugunsten der heterosexuellen, ist kurzschlüssig und schädlich. Deshalb lässt sich Homosexualität nicht wie ein Spezialfall unter eine vermeintlich allgemeine Ablehnung homoerotischer Praktiken einordnen. Unverständlich ist aber auch die entscheidende biblische Ansicht, dass Frauen in der Sexualität eine passive, untergeordnete Rolle einnehmen. Die Ansicht, dass Schwule und Lesben dagegen sexuell enthaltsam leben sollten, damit sie nicht ihrer Orientierung folgen – was auch die Bibel nirgends fordert – ist vor diesem Hintergrund eine harte Forderung mit schlechter Begründung.

Diskriminierung und psychologische Gewalt

Laut verschiedenen Studien haben homo- und bisexuelle Menschen häufiger suizidale Gedanken als heterosexuelle, unternehmen häufiger Suizidversuche, und bei vollzogenem Suizid spielt vorangegangenes Mobbing eine deutlich größere Rolle, als wenn sich Heterosexuelle das Leben nehmen.[54] Stimmungsmache gegen Schwule und negative Kommentare, aber auch schon die alltägliche, scheinbar harmlose Heteronormativität sind schädlich: Irgendwann internalisieren relativ viele Schwule und Lesben die Abwertung und beginnen womöglich, sich selbst zu hassen.[55] Sollten nicht spätestens hier die Traditionalisten mit Paulus einräumen: Was die Geschwister in solche Gewissensnöte bringt, kann nicht Gottes Wille sein? (Röm. 14)

Schlussfolgerung

Mit seiner traditionellen Repression der Homosexualität hat das Christentum Schuld auf sich geladen. Der alte Argwohn steht nicht im Dienst der Erhaltung der Schöpfung, wie es manchmal heißt, sondern entstellt sie. Die üblichen Diskussionen – auch die ethischen Fachdiskussionen – reflektieren diese Tatsache nicht. Traditionalisten meinen, es geht in der Debatte um die Homosexualität auch um die Auslegung der Bibel – etwa darum, ob man sie überhaupt ethisch ernst nimmt. Das ist in der Tat so. Man muss die Bibel ahistorisch, anachronistisch lesen, um ihr eine Verurteilung der Homosexualität zu entnehmen. Aber bei der Auslegung der Bibel geht es auch wesentlich darum, Mitmenschen anzunehmen, und sie nicht vermeintlich im Namen Gottes in schwere Gewissensnöte zu bringen.

Literatur

THORSTEN DIETZ, Homosexualität und die Bibel, Worthaus, 27.3.2022, https://epov.short.gy/YdCIDJ. • THOMAS HIEKE, Homosexualität (AT), WiBiLex: Das wissenschaftliche Bibellexikon im Internet, Oktober 2021, https://epov.short.gy/H9CQUH. • STEFAN SCHOLZ, Homosexualität (NT), WiBiLex: Das wissenschaftliche Bibellexikon im Internet, September 2012, https://epov.short.gy/jtXerg. • ANDREAS SCHÜLE (Hg.), »Es ist nicht gut, dass der Mensch allein sei!« Partnerschaft, Ehe und Sexualität als Themen der Theologie, Leipzig 2020; als Ringvorlesung: https://epov.short.gy/T53Xq8. • UDO RAUCHFLEISCH, Schwule, Lesben, Bisexuelle. Lebensweisen, Vorurteile, Einsichten, 4. Aufl., Göttingen 2011, Kap. 6.

Erleichterungen für Transpersonen: *das neue Selbstbestimmungsgesetz*

Im Frühjahr 2024 hat der Bundestag das Selbstbestimmungsgesetz beschlossen, das das 40 Jahre alte Transsexuellengesetz ablöste. Das Thema »trans« ist ohnehin stark in den Medien vertreten. Viele finden es befremdlich, dass mit dem Geschlecht eine elementare, scheinbar objektive Kategorie des alltäglichen Erlebens ins Wanken gerät. Hinzu kommt Gewalt gegen Transpersonen. Neuerdings erfasst die Bundespolizei Vergehen im Bereich »geschlechtsbezogene Diversität«. 2022 wurden dort 417 Fälle gemeldet, davon 82 Gewaltdelikte.[56] Die Dunkelziffer ist jedoch hoch: Im Vorjahr wurden allein in Berlin 456 Fälle von Gewalt gegen Transpersonen aktenkundig.[57]

Das neue Gesetz

Als trans bezeichnet man Menschen, die sich nicht oder nur teilweise mit dem Geschlecht identifizieren, das ihnen bei der Geburt zugewiesen wurde. In den primären und oft auch den sekundären Geschlechtsmerkmalen entsprechen sie dem einen Geschlecht, doch sie selbst betrachten sich als zum anderen Geschlecht gehörend oder als nicht-binär. Transfrauen etwa wurden bei der Geburt als männlich bezeichnet, empfinden sich aber als Frauen. Das Selbstbestimmungsgesetz ermöglicht es ihnen, ihren Vornamen und die offizielle Angabe zu ihrem Geschlecht zu ändern.

Um in dem Geschlecht anerkannt zu werden, mit dem sie sich identifizieren, mussten Transpersonen zuvor aufwändige Gutachten beibringen und intime Fragen beantworten, woraufhin ein Gericht dann urteilte. Nun liegt die Entscheidung bei den Transpersonen selbst. Es ist ein langwieriges Verfahren entfallen, das sie als sehr belastend empfanden. Es ließ Transgeschlechtlichkeit auch in der öffentlichen Wirkung pathologisch erscheinen, wie die Bundespsychotherapeutenkammer in der Unterstützung des neuen Gesetzes schreibt:[58] Weil die Hürden so hoch waren, entstand der Eindruck, Transgeschlechtlichkeit sei etwas Schlimmes, das man nicht leichtfertig anerkennen dürfe.

Die soziale Lage von Transpersonen

In Deutschland bezeichnen sich etwa 4 Prozent der Erwachsenen unter 75 Jahren als trans oder nicht-binär.[59] In der Schweiz liegt die Zahl mit 6 Prozent international am höchsten. 2021 unterzogen sich in Deutschland 2600 Menschen einer geschlechtsangleichenden Operation – zu über 90 Prozent im Erwachsenenalter.[60] Eine Gesamtzunahme könnte zu erwarten sein, doch das umfasst keineswegs alle Transmenschen.

Dass die Gesellschaft Transpersonen immer wieder auf das bei der Geburt zugewiesene Geschlecht festlegt, erleben sie als Konflikt, der sehr belastende Formen annehmen kann. In einer Studie aus Deutschland gaben 40 Prozent von Transpersonen an, sie leiden unter Angststörungen, zum Beispiel weil sie gemobbt werden. Signalisiert dagegen das Umfeld, etwa die Schule, aktiv Toleranz und Akzeptanz von LSBTQ (Lesben, Schwulen, Bisexuellen, Transpersonen und Queeren), dann nehmen suizidale Phantasien merklich ab. Interessanterweise gilt das für alle Schüler:innen, auch diejenigen, die nicht LSBTQ sind.[61] Von Toleranz und Akzeptanz profitieren alle, unabhängig von ihrer sexuellen Identität.

Dass das Selbstbestimmungsgesetz es nun deutlich erleichtert, offizielle Dokumente an die eigene geschlechtliche Identität anzupassen, dürfte insgesamt eine größere gesellschaftliche Toleranz gegenüber Transpersonen fördern. Die deutsche Psychotherapeutenkammer verspricht sich von dem Gesetz eine Verbesserung der psychischen Gesundheit von Transpersonen. Dass sie beim »Coming out« eine besonders hohe Hemmschwelle überwinden, ergibt sich daraus, dass – laut einer deutschen Studie von 2015 – zwischen der Bewusstwerdung der eigenen geschlechtlichen Identität und dem öffentlichen Bekenntnis dazu bei Transgeschlechtlichen wesentlich mehr Zeit vergeht (Transmänner: durchschnittlich 4 Jahre, Transfrauen: fast 7 Jahre) als bei Lesben und bisexuellen Frauen (1,7 Jahre) sowie Schwulen und bisexuellen Männern (fast 3 Jahre).[62]

Vorbehalte gegenüber dem Gesetz

In den USA bemängeln Kritiker, dass Statistiken oft zu voreiligen Schlüssen führen, so dass man Jugendlichen die Transition zu einfach mache, also eine Angleichung an das empfundene Geschlecht in Sprache und Kleidung, hormonell oder chirurgisch. So kursiert die Statistik, etwa ein Drittel der Transpersonen habe einen Suizidversuch unternommen. In einzelnen Fällen lässt sich fragen: Unternehmen sie unter außerordentlichen seelischen Belastungen einen Suizidversuch, weil sie sich nicht offen mit dem anderen Geschlecht identifizieren können? Denkbar wäre auch, dass seelische Belastungen teils andere Ursachen haben und Jugendliche womöglich irrtümlich einen Ausweg in der Annahme suchen, sie seien trans. Das mag in einzelnen Fällen plausibel erscheinen, taugt aber nicht als allgemeine Erklärung.

Ist eine Angleichung der Dokumente vielleicht ein Schritt auf eine schiefe Ebene, die Nicht-Transjugendliche in Richtung einer medizinischen Geschlechtsumwandlung lenken würde? Es heißt manchmal, Jugendliche hätten Hemmungen, sich als schwul oder lesbisch anzuerkennen, und würden künstlich in die Transgeschlechtlichkeit fliehen, um sich als heterosexuell verstehen zu können. Abgesehen von möglichen Einzelfällen ist auch das insgesamt ein unwahrscheinliches Szenario. Diskriminierung und gesellschaftliche Vorbehalte gegenüber Transpersonen sind höher als gegenüber Schwulen und Lesben. Das schlägt sich auch darin nieder, dass Transpersonen das öffentliche Coming-out – oft durchaus angstbesetzt – länger hinauszögern als Homosexuelle.

Außerdem ist zu bedenken, dass Jugendliche zur Änderung der Dokumente nach dem Gesetz das Einverständnis der Eltern brauchen. Um eine Änderung der Dokumente gegen die Eltern durchzusetzen, müssten Jugendliche ein Schiedsgericht überzeugen. Ist das Kind dagegen noch jünger als 14, müssten die Eltern einer Änderung nicht nur zustimmen, sondern selbst das Heft in die Hand nehmen.

Die empirische Perspektive

Medizinische Studien deuten darauf hin, dass sich das seelische Wohlbefinden von Transpersonen nach einer Geschlechtsangleichung verbessert.[63] Die Erforschung der Wirkung dieser medizinischen Eingriffe ist noch recht jung und teils unübersichtlich. Auch wenn Studien zu Transsexualität und Transition noch nicht in der Breite vorliegen und nicht immer methodologische Ansprüche voll erfüllen, zeichnet sich der Trend ab, dass eine Mehrheit die Transition in der einen oder anderen Form als hilfreich empfindet.[64] Am ehesten umstritten ist derzeit das Spektrum an Maßnahmen bei Kindern und Jugendlichen.

Auch Kritiker:innen gestehen meist zu, dass die soziale, hormonelle oder operative Transition durchaus ein sinnvoller Weg für zahlreiche Menschen sein kann, die trans sind.[65] Die Ansicht, dass Transgeschlechtlichkeit und Transition hauptsächlich »Mode« seien, ignoriert wissenschaftliche Erkenntnisse und unterstellt vielen Menschen pauschal, sie könnten ihr eigenes Leben nicht beurteilen – etwa so, wie man beim Frauenwahlrecht oder während der Emanzipationsbewegung seit den 1960ern Feministinnen unterstellt hat, sie wüssten einfach nicht, was gut für sie sei.

Außerdem sind operative Eingriffe derzeit in Deutschland an eine umfangreiche Beratung geknüpft. Vor allem aber geht es beim Selbstbestimmungsgesetz gar nicht um medizinische Eingriffe. Transpersonen empfinden oft bereits eine Änderung von Vorname und Geschlechtseintrag als hilfreich.

»... männlich und weiblich schuf er sie ...« – ?

Kritiker der Transgeschlechtlichkeit berufen sich darauf, dass es schon bei der Geburt und darüber hinaus klar scheint, dass von Natur aus eine einfache und klare Zweierordnung der Geschlechter herrscht. Naturwissenschaftlich sind die Dinge längst nicht so einfach, etwa in der neueren Hirnforschung.[66] Doch gegen Transpersonen beharren Kritiker auf der Vorstellung: Wenn die Hebamme bei der Geburtdas Geschlecht des Babys feststellt, steht die Geschlechtsidentität insgesamt fest. Wenn die Verhältnisse scheinbar so klar und einfach wären, wäre es problematisch, eine Geschlechtswahl in den offiziellen Dokumenten zu erleichtern. Nun wird die schlichte, scheinbar unkomplizierte Geschlechterordnung in der Natur anscheinend von einem prominenten Bibeltext bekräftigt: »Und Gott schuf den Menschen in seinem Bilde ... männlich und weiblich schuf er sie« (1. Mose 1,27).

Doch dieser Vers wird schon in der Bibel selbst durch den Apostel Paulus offen kritisiert. Paulus bestreitet rundweg, dass das »männlich und weiblich« vorgeben kann, wie Christinnen und Christen zu leben haben: »Hier ist weder Jude noch Grieche, hier ist weder Sklave noch Freier, hier ist weder männlich und weiblich« (Gal. 3,28). Hier zitiert Paulus direkt aus 1. Mose 1 (und nimmt dafür eine etwas unelegante Ausdrucksweise in Kauf, die unsere Übersetzungen nicht präzise wiedergeben). Laut Paulus kann man sich nicht auf Gottes Willen als Schöpfer berufen, wenn man argumentiert, ein bestimmtes Verhalten verstoße gegen die Ordnung der Natur. Paulus bestritt damit eine Norm der patriarchalen Ehe.[67] Entscheidend ist allein, dass in Christus alle mit Gott versöhnt sind. An anderer Stelle ruft Paulus eine neue Schöpfung aus, in Kontrast zur alten: »Wenn jemand in Christus ist: neue Schöpfung!« (2. Kor. 5,17)

Eine vermeintlich einfache geschöpfliche Ordnung der Zweigeschlechtlichkeit kann man nicht zur Norm erheben. In anderem Zusammenhang schreibt Paulus, man dürfe Mitchristen nicht durch moralischen Druck in Gewissensnöte stürzen, wenn sich ein moralischer Konflikt nicht einvernehmlich ausräumen lässt: »Du aber, was richtest du Bruder oder Schwester?« (Röm. 14,10–23). Also sollten Christinnen und Christen gerade Transpersonen respektieren, denen soziale Konflikte oft seelische Nöte bereiten und die den prinzipiellen Argwohn gegenüber trans als Infragestellung ihrer Person empfinden.

Schlussfolgerung

Zwar können Kinder und Jugendliche verschiedentlich Fragen zu ihrer Geschlechtsidentität haben und schließlich doch ihr herkömmliches offizielles Geschlecht bejahen. Doch Kritiker, die befürchten, das Gesetz verleite zu falschen Festlegungen, erkennen in der Regel nicht die gravierenden Konflikte an, denen Transpersonen tatsächlich ausgesetzt sind. In der Befürchtung einer abstrakten Gefahr ignorieren Kritiker oft die wirklichen, ernsthaften Belastungen. Das Selbstbestimmungsgesetz ist zu begrüßen, auch aus christlicher Sicht. Die Ansicht, alles hätte beim Alten bleiben sollen, war kein gangbarer Weg. Die menschlichen Kosten des vorherigen Zustandes waren untragbar.

Nachbemerkung

In der Debatte um trans unterscheidet die Umgangssprache oft zwischen dem Geburtsgeschlecht bzw. dem biologischen Geschlecht und dem empfundenen Geschlecht. Man nimmt an, dass die Hebamme nach der Geburt das biologische Geschlecht sachgerecht bestimmt, indem sie auf die Genitalien schaut. Weicht das später empfundene Geschlecht davon ab, stehe es vermeintlich in Spannung zu den biologischen Fakten.

Doch die Frage nach Genitalien und Geschlechtszellen kann die geschlechtliche Realität des Menschen nur unzureichend abbilden.[68] Bei Transpersonen und anderen Menschen steht in Frage, ob es die eine, eindeutige Wahrheit des Körpers gibt. Der Körper kann geschlechtlich mehrdeutig sein, auch dann, wenn sich Genitalien eindeutig zuordnen lassen. Denn neben den sogenannten primären und sekundären Geschlechtsmerkmalen wird das Geschlecht von weiteren biologischen Fakten konstituiert.

Traditionell gilt, dass die Geschlechtschromosomen dem sogenannten primären Geschlechtsmerkmal entsprechen: XY männlich und XX weiblich. In der großen Mehrzahl der Fälle, bei denen wir überhaupt das Genom analysiert haben, ist das so. Aber beim Thema trans geht es ja ohnehin um eine Minderheit der Bevölkerung. Eine Minderheit weist beinahe willkürliche Kombinationen von ein bis drei Geschlechtschromosomen auf. Auch bei ungewöhnlichen Kombinationen handelt es sich oft nicht um Intersexpersonen, deren primäres Geschlechtsmerkmal unklar ist.

Traditionell hielt man auch die Gehirnanatomie für klar männlich oder weiblich: Ein bestimmtes – im Laufe der Forschung wechselndes – Hirnareal habe eine männliche oder weibliche Ausprägung.[69] Tatsächlich aber ist jedes Hirn ein Mosaik aus mehreren verschiedenen Merkmalen, die jeweils eher weiblich oder eher männlich ausfallen oder dazwischen liegen.

Hinzu kommt der geschlechtliche Marker der Hormone. Hier herrscht kein drastischer Unterschied, weil auch Frauen über das »männliche« Geschlechtshormon Testosteron verfügen. Die Menge kann etwa mit Körpergröße und Athletik variieren. Es handelt sich also oft um eine Frage des Grades und seltener um einen klaren Gegensatz von männlich und weiblich.

Eine Minderheit von Menschen entspricht in Hirnstruktur, Geschlechtschromosomen und/oder Hormonhaushalt nicht der traditionellen Einordnung des sogenannten primären Geschlechtsmerkmals. Deshalb ist fraglich, weshalb wir die Genitalien als »primär« für die Geschlechtsidentität bezeichnen sollten. Die Naturwissenschaften weisen auf ein heterogenes, nicht-binäres Konzept des biologischen Geschlechts hin, so dass Abweichungen der empfundenen Geschlechtsidentität vom »primären« Geschlechtsmerkmal durchaus auch biologisch nachvollziehbar sein können.

Literatur

DIETHARD TAUTZ, Biologisches Geschlecht – die Illusion der Binarität, Laborjournal, 12.12.2023, https://epov.short.gy/luYLul. • AUGUSTÍN FUENTES, Race, Monogamy, and Other Lies They Told You. Busting Myths About Human Nature, 2. Aufl., Oakland 2022, 180–213. • Scientific American, Aufsatzsammlung: The New Science of Sex and Gender. Why the new science of sex & gender matters for everyone, 1.9.2017, https://epov.short.gy/zUHBfe. • TERESA SCHOMBURG, Geschlecht – braucht Mensch das? Deutschlandfunk, Nov. 2023, https://epov.short.gy/8TwAza.

Prostitution in Deutschland – *Zeit für eine Neuregelung?*

Im Neuen Testament heißt es provokant, die Prostituierten kommen eher ins Reich Gottes als die religiöse Elite (Matt. 21). In der theologischen Ethik wird das Thema der Prostitution aber oft ignoriert. Die deutsche Politik nahm sich 2002 mit einem liberalen Prostitutionsgesetz vor, die Situation der Prostituierten zu verbessern. Andererseits wird verstärkt über ein Sexkaufverbot diskutiert. Triggerwarnung.

Der »Spiegel« berichtete mit einem drastischen Bericht über die Situation der Prostituierten in Deutschland – unter dem Titel »Vergewaltigt, vergessen, verloren«.[70] Seit dem Prostitutionsgesetz ist die Rechtslage der Prostituierten in Deutschland besonders liberal geregelt. Ein weiteres Gesetz von 2017 brachte wenig echte Neuerungen, verbot aber immerhin Flatrate-Bordelle. Zuvor konnte eine Versicherung noch die Kosten eines »Betriebsausflugs« ins Bordell von der Steuer absetzen.

2002 wollte man den Prostituierten mehr Rechtssicherheit geben. Wenn Sozialarbeiterinnen ihnen etwa zu besseren sanitären Bedingungen verhelfen, ist das nun keine Förderung einer unsittlichen Handlung mehr. Doch der Versuch einer Reform ist gescheitert. Das legen Erfahrungsberichte von Betroffenen nahe, wie besonders die Autobiografie von der ehemaligen Prostituierten Huschke Mau.[71] Andererseits positionieren sich verschiedene Organisationen gegen ein Sexkaufverbot, unter anderem die Deutsche Aidshilfe und die Diakonie Deutschland. Sie meinen: Ein Sexkaufverbot macht die Lage der Sexarbeiterinnen noch prekärer.[72] Sie bedenken aber zum Beispiel nicht die vielen Morde an Prostituierten in Deutschland.

Krasse Gewalt

Seit 20 Jahren reißen Zuhälter immer mehr junge Frauen in einen Strudel von Gewalt. In Deutschland kaufen täglich über eine Million Männer Sex bei über 250.000 Prostituierten. Die Zahlen sind unsicher, doch Ermittler gehen davon aus, dass der größte Teil von ihnen unter Zwang handelt. Sehr oft sind die Prostituierten junge Frauen aus Bulgarien oder Rumänien, die kaum Deutsch sprechen und oft erst durch den Menschenhandel nach Deutschland kamen. Seit Beginn des Ukraine-Kriegs werden auch Frauen aus diesem Land verstärkt in Deutschland sexuell misshandelt. Huschke Mau, die die Prostitution überlebt hat, spricht von kolonialer Ausbeutung.

Anscheinend ist kein anderes europäisches Land so bedeutend für Menschenhandel und Prostitution wie Deutschland. Durch psychologische Manipulation oder stetige Vergewaltigung brechen Zuhälter Frauen, wie Überlebende bestätigen. Die Sexualpraktiken, mit denen sie dann ein wenig Geld verdienen, können anscheinend brachial sein.

Freiwillig in der Prostitution? Die Medien

Dagegen präsentieren die Medien häufig Frauen, die anscheinend selbstbestimmt und freiwillig die Prostitution wählen. Der Infotainmentbereich flirtet mit dem Tabubruch und erzählt eine Story mit scheinbar feministischem Anstrich, in der sich Frauen selbstbestimmt über gesellschaftliche Konventionen hinwegsetzen. Aber vielleicht wollen wir uns auch ein wenig beruhigen – ganz so schlimm sind unsere Männer anscheinend doch nicht. Man spricht von Sexarbeit statt Prostitution und heißt das Gesetz von 2002 insgesamt gut.

Aber es liegt auf der Hand, dass Journalisten bei der Recherche viel leichter Frauen finden, die ihre Arbeit als reguläre, selbstbestimmte Tätigkeit darstellen. Die Berichterstattung über andere Prostituierte ist sehr viel schwieriger: Sie sind zu sehr von krasser Gewalt und von Scham gezeichnet und werden von Zuhältern erpresst. Dieser gewalttätige Bereich ist seiner Natur nach weniger sichtbar. Doch mangelnde Sichtbarkeit bedeutet nicht, dass dieser Bereich kleiner ist. Man tappt in den »selection bias«. Die freiwillige Sexarbeit ist nicht repräsentativ.

Das Prostitutionsgesetz

Die Wirkung des Gesetzes von 2002 ist fatal: Zuhälter und Prostituierte verbergen die tägliche Gewalt hinter der Fassade der legalen, freiwilligen Sexarbeit. Zu einem Nachweis von Nötigung und Zwangsprostitution müsste die Polizei größere Ermittlungen anstellen, doch das Prostitutionsgesetz erschwert das, weil es Prostituierte vor Pauschalverdacht und Gängelung schützen will. Kommt es zu einem Gerichtsverfahren gegen Zuhälter, drohen die den Prostituierten mit Gewalt etwa gegen ihre Familien, sollten sie die Fassade der Freiwilligkeit nicht aufrechterhalten.

Zwar scheint es Sexarbeiterinnen zu geben, die ihre Tätigkeit freiwillig und ohne Zwang ausüben (vorausgesetzt, Journalisten sind nicht Bordellbetreiberinnen auf den Leim gegangen, die für die Prostituierten sprechen). In der öffentlichen Diskussion verbirgt die vermeintliche Freiwilligkeit der einen aber oft die Gewalt an den anderen. In Online-Foren tauschen Sexkäufer Ausbeutertipps aus und geben Prostituierten erniedrigende Bewertungen. Für die Position der Diakonie gegen ein Sexkaufverbot zählt der Eindruck der Freiwilligkeit, doch ich bezweifle die empirische Grundlage dieser Position.

Was heißt hier freiwillig?

Sexkäufer sind natürlich die ersten, die den Anschein der Freiwilligkeit für bare Münze nehmen. Nur zu gerne schenken sie Prostitutionsmythen wie dem der sexfreudigen Prostituierten Glauben.[73] Aber auch andere lassen sich von unklaren Verhältnissen täuschen. Teils identifizieren sich Prostituierte in einer Art Stockholmsyndrom mit ihrem gewalttätigen Zuhälter. Huschke Mau berichtet: Frauen meinen kurzfristig, sie handelten selbstbestimmt, um eine ausweglose Situation durchzustehen und mit dem Trauma klarzukommen.

Sie erleben körperliche Verletzungen, sehr häufigen, intimsten Kontakt mit fremden Männern, die sich grob verhalten, wirtschaftliche Not und teils praktische Rechtlosigkeit; es drohen Geschlechtskrankheiten, und oft sprechen sie die Landessprache nicht. Außerdem sind die Morde an Prostituierten zu bedenken. Prostituieren sich Frauen »freiwillig«, um Drogen bezahlen zu können? Ist für andere (ehemalige) Prostituierte die Fiktion der Freiwilligkeit die letzte Möglichkeit, für sich selbst einen Schein von Autonomie zu wahren? Ist verbreitete, echte Freiwilligkeit hier plausibel? Eine Stellungnahme gegen ein Sexkaufverbot nennt Prostitution eine »vom Recht zu respektierende autonome Entscheidung erwachsener Menschen, die aber typischerweise mit erheblichen Gefahren und Risiken behaftet ist. Dazu gehören auch Ausbeutung und Gewalt, die psychische und physische Auswirkungen auf die betroffene Person haben.«[74] Ich ergänze: Zu den »Auswirkungen auf die betroffene Person« zählt auch Mord.

Tatsache ist: Sexkäufer können nicht wissen, ob der Sex einvernehmlich ist. Nicht, dass das aus ethischer Sicht das einzige Kriterium wäre. Doch wie aus ihren Online-Schilderungen hervorgeht, interessieren sich die Freier oft nicht dafür.

Eine große empirische Studie widerspricht deutlich dem »happy hooker«-Klischee.[75] Die häufigsten Gründe für die Prostitution sind Armut, sexuelle Gewalt, Drogensucht, Nötigung, Manipulation und psychische Störungen, nicht Nervenkitzel oder finanzielle Ambitionen.[76] Kriterium der Freiwilligkeit ist hier nicht die bloße Aussage bestimmter Prostituierter oder ihr augenblickliches Empfinden. Man sollte besser auf »die Trias ›Aufnahme, Ausübung und Ausstieg‹«[77] schauen: Hat eine Frau die Prostitution aus freien Stücken aufgenommen, übt sie sie freiwillig aus und kann sie auch ungehindert damit aufhören?

Sexkauf schadet der Gesellschaft

Letztlich entscheidend ist, dass die vermeintlich freiwilligen Sexarbeiterinnen in der Minderheit sind, viele andere aber leiden. Sollten sie das Gewerbe ihrer Wahl nicht ausüben dürfen, ließe sich das rechtfertigen, wenn damit zugleich die massive Gewalt abnähme, mit der Zuhälter wesentlich mehr Frauen zur Prostitution nötigen. Doch Sexkauf schadet auch anderen Frauen neben den Prostituierten und ist insgesamt eine Gefährdung der Gesellschaft. Denn bei Sexkäufern liegt eine fast achtmal so hohe Wahrscheinlichkeit vor wie bei Nichtsexkäufern, dass sie Frauen vergewaltigen möchten. Unter Männern, die eine Frau bereits vergewaltigt haben, ist Sexkauf eine sehr auffällige Gemeinsamkeit.[78] Zumindest bestätigt die Prostitution ihre hegemoniale Männlichkeit. Man könnte also die Sexualität zu den Gütern zählen, die nicht gekauft werden dürfen, so wie man auch nicht andere Menschen oder menschliche Organe kaufen darf, selbst wenn die betroffene Person einwilligt.

Das Nordische Modell: pro und contra

Das »Nordische Modell« steht im Gegensatz zu unseren liberalen Regelungen. Zwar bleibt dort das Handeln der Prostituierten legal, doch der Kauf ihrer Dienste ist verboten. Flankiert wird das Sexkaufverbot, zumindest auf dem Papier, durch verstärkte Hilfe zum Ausstieg. Schweden hat das Modell entwickelt, und Norwegen, Frankreich, Nordirland und andere Länder haben es übernommen. Huschke Mau, die das gegenwärtige liberale deutsche Recht hart kritisiert, wirbt nachdrücklich für diese Regelung.[79]

Als ich das Thema Prostitution zuerst online diskutierte, wandte ich noch gegen ein Sexkaufverbot ein, dass es die Prostitution in den Untergrund drängt, in die uneinsehbaren Privaträume, so dass etwa der Kontakt zwischen Sozialarbeiterinnen zu Prostituierten abbräche. In Nordirland sind Angebot und Nachfrage nach Einführung des Sexkaufverbots anscheinend gestiegen. Doch inzwischen finde ich die Kritik am Sexkaufverbot nicht mehr überzeugend.

Auch Simon Häggström verteidigt das Sexkaufverbot. Er ermittelt seit 15 Jahren im Stockholmer Milieu und findet den Einwand unsinnig, die Prostitution werde im Untergrund ungreifbar. Wie sollte es den Zuhältern dann noch gelingen, gleichzeitig Freier anzulocken? Durch die Online-Anzeigen der Prostituierten kann Häggström die Straftäter finden. Der deutsche Sexkäufer ist der Biedermann von nebenan und kein gerissener Halbweltexperte, der die Prostituierten findet, selbst wenn sie der Polizei entkommen. Die deutschen Großbordelle mit versklavten Osteuropäerinnen könnte man so erst recht nicht betreiben.

Dagegen zeigt eine Studie aus Nordirland, dass Angebot und Nachfrage drei Jahre nach der Sexkauf-Gesetzgebung (2015–2018) leicht angestiegen sind.[80] Das ist das entscheidende Beweisstück für die kritischen deutschen Verbände. Doch in neun Jahren mit Verbot wurde in Nordirland bloß ein einziger Freier verurteilt.[81] Dem stehen in Schweden jährlich 30 bis 840 Männer gegenüber (538 in den ersten neun Jahren). Man kann ein Gesetz nicht an den Folgen messen, wenn es nicht durchgesetzt wird.

Besonders drastisch ist eine Statistik, die in den Stellungnahmen gegen ein Sexkaufverbot gar nicht vorkommt: Seit 1999 stehen einem oder zwei Morden an Prostituierten in Schweden 113 Morde in Deutschland gegenüber.[82] Darüber sprechen jedoch die deutschen Kritiker:innen des Sexkaufverbots nicht. Auch die andere, zweite empirische Studie, die die deutschen Verbände gegen ein Sexkaufverbot anführen, ignoriert Morde im Milieu. Thema dieser Studie ist ausgerechnet die Beziehung zwischen rechtlichen Regelungen und der medizinischen Gesundheit von Sexarbeiterinnen.[83]

Ausblick

Ein Sexkaufverbot kann man meiner Meinung nach schlecht ablehnen. Wir müssen uns von der bequemen Illusion weitverbreiteter Freiwilligkeit verabschieden. Allerdings bedeutet das Sexkaufverbot eine große Versuchung, die Prostitution zunächst aus dem öffentlichen Raum zu vertreiben, aber dann wegzuschauen, wenn sich die Situation der Prostituierten in den geschlossenen Räumen der Stundenhotels und Privatwohnungen verschlechtert. Doch das Beispiel Schweden zeigt: Wenn denn der politische Wille da ist, lässt sich so eine Entwicklung vermeiden. Außerdem fragt sich, ob die verdeckte Prostitution auch in anderen Ländern des Nordischen Modells stärker abnehmen würde, wenn Deutschland aufgrund eines Sexkaufverbots nicht mehr die betriebsame Drehscheibe des internationalen Menschenhandels wäre.

Wer sich in der deutschen Politik für das Nordische Modell ausspricht, muss allerdings klarer sagen, wie man dem Verbot Geltung verschaffen möchte. Dass die deutsche Polizei ein Sexkaufverbot tatsächlich effektiv durchsetzen würde, ist nicht ausgemacht. Wenn nein, dann kommt es zu den Konsequenzen, die die Gegner:innen des Verbots befürchten: krassere Gewalt im Untergrund. Häggström schildert, dass Prostituierte oft Rabatte für Polizisten anbieten, und Mau berichtet nicht nur, dass »viele« ihrer Freier Polizisten waren: Sogar ihr erster Zuhälter war Polizist. Die desaströsen Folgen des liberalen deutschen Rechts rückgängig zu machen, wird eine Generationenaufgabe.

Literatur

HUSCHKE MAU, Entmenschlicht. Warum wir Prostitution abschaffen müssen, 3. Aufl., Hamburg 2022. • ALEX RÜHLE, Sex kaufen verboten, in: Süddeutsche Zeitung, 7.4.2024, https://epov.short.gy/ilPvO1. • SIMON HÄGGSTRÖM, Shadow's Law. The True Story of a Swedish Detective Inspector Fighting Prostitution, ohne Ort 2016.

KAPITEL III

MEDIZIN- UND BIOETHIK

Soll das Abtreibungsrecht *geändert werden?*

Der Schwangerschaftsabbruch wird erneut lebhaft diskutiert. Der Paragraph 218 ist ein klassisches Thema der christlichen Ethik. Die Politik könnte den rechtlichen Kompromiss, der seit 30 Jahren gilt, nun ändern. Im Koalitionsvertrag der Bundesregierung heißt es, Schwangerschaftsabbrüche sollen kostenlos verfügbar sein. Der Rat der EKD hat mitgeteilt, man sei aufgeschlossen dafür, den Schwangerschaftsabbruch in den ersten 12 Schwangerschaftswochen zu legalisieren, womöglich auch bis zur 22. Woche.[84]

Ein Ethikteam von drei Experten und einer Expertin, die dem Rat der EKD nahestehen, hat für diese Position geworben.[85] Die Kommission, die die Regierung mit einer Stellungnahme beauftragt hat, sprach sich wiederum für eine Legalisierung des Schwangerschaftsabbruchs bis zur 12. Woche aus. Dieser Kommission gehörten keine Vertreter:innen der Kirchen an, doch ihre Position würde dem rechtlichen Trend in Westeuropa entsprechen. Die Unionsparteien haben unterdessen eine Klage beim Bundesverfassungsgericht angekündigt.

Die rechtliche Lage

Bislang ist eine Abtreibung in Deutschland legal, wenn die Schwangerschaft auf einer Gewalttat beruht oder eine Fortsetzung der Schwangerschaft die Schwangere gesundheitlich gefährden würde (»Indikationslösung«). Außerdem ist eine Abtreibung außerhalb dessen möglich, wenn sie vor der 13. Schwangerschaftswoche geschieht. Dann ist sie zwar illegal, aber straffrei, vorausgesetzt, die Schwangere lässt sich von einer anerkannten Stelle beraten. Um diese »Fristen-« bzw. »Beratungslösung« geht es in der Debatte. Die jetzige Regelung soll insgesamt zwei Ziele miteinander vereinbaren: Sie soll sowohl das heranwachsende Leben schützen als auch der Schwangeren ein bedeutendes Maß an Selbstbestimmung ermöglichen. Aus ethischer Sicht sind beides wichtige Ziele.

Ein neuer Vorschlag

Der neue Vorschlag aus der EKD lautet, die Selbstbestimmung der Schwangeren klarer zu stärken – denn unter den richtigen Umständen komme das auch dem werdenden Leben zugute. Die vier Experten, die sich öffentlich für die Position der EKD stark gemacht haben, argumentieren: Die Gesellschaft soll im Recht die Weichen nicht so stellen, dass sich eine Schwangere im Konflikt der Strafandrohung ausgesetzt sieht. Wenn wir schwangere Frauen so in die Ecke drängen, bleiben wir hinter dem christlichen Menschenbild zurück. Außerdem ist eine Schwangerschaft auch zu Beginn kein Rechtsstreit, sondern zunächst ein außerordentliches leibliches Geschehen, das eine personal-leibliche Einheit ist und zugleich das Entstehen einer zweiten Person. Dem Evangelium gemäßer sei es, der Schwangeren eine freiere Entscheidung mit weniger Druck und mehr konstruktiven Perspektiven zu ermöglichen. Kirche, Gesellschaft und Politik müssen ihr mit mehr konkreten Hilfsangeboten zur Seite stehen, so dass sie – mit Beratung – hoffentlich Wege findet, die Schwangerschaft aus freien Stücken auszutragen.

Das geltende Recht

Die EKD beschreibt das Abtreibungsverbot als »strafrechtlich bewehrt«, und das Ethikteam beklagt eine »Pönalisierung« der Abtreibung und eine strafrechtliche Drohung. Das verzert die Rechtslage. 95 Prozent aller Abtreibungen (98–100.000) finden in den ersten zwölf Wochen statt [86] und hier droht das Gesetz den Schwangeren nicht, sondern schützt sie ausdrücklich vor Strafe.

Abgesehen von den legalen Schwangerschaftsabbrüchen aufgrund der Indikation – etwa 4 Prozent – bleiben noch diejenigen, die zwischen 12. und der 22. Woche stattfinden. Auch hier schützt Paragraph 218a die Schwangere vor Strafe. Dann sind da noch die Schwangerschaftsabbrüche, die nach der 22. Woche und außerhalb der medizinischen Indikation stattfinden. Hier befürworten die Verlautbarungen aus dem kirchlichen Bereich das geltende Verbot mit Strafandrohung. Insgesamt werden äußerst wenige Frauen verurteilt, weil sie abgetrieben haben.

Zu erwägen wäre immerhin die Situation einer Schwangeren, die kurz vor der 12. Schwangerschaftswoche zu einem Abbruch neigt. Das Gesetz ermöglicht auch die Straflosigkeit eines Arztes, der nach der 12. Woche einen Abbruch durchführt, doch hier wird die Frau nur mit Schwierigkeiten einen Arzt finden. Sollte man womöglich die 12-Wochen-Frist etwas ausdehnen? Aber: Tragen vier weitere Wochen etwas zur Klärung des Schwangerschaftskonflikts bei, wenn zwölf nicht ausreichen? Die

Entscheidung wird nicht einfacher, wenn der Fötus sich in der Entwicklung noch weiter an die Gestalt eines geborenen Babys annähert.

Ist rechtlicher Freiraum der bessere Schutz?

Bestätigt die Erfahrung die Ansicht, größerer rechtlicher Freiraum schlage sich in weniger, nicht in mehr Abtreibungen nieder? In Westeuropa sind in fast allen Flächenländern Abtreibungen bis zur 12. Schwangerschaftswoche legal und werden von der Krankenversicherung bezahlt. In drei Ländern gilt das auch darüber hinaus: in Schweden und – neuerdings – in Dänemark bis zur 16. Woche, in den Niederlanden bis zur 22. Woche. Schweden, ein wohlhabenderes Land als Deutschland, hat deutlich höhere Abtreibungsraten. In den Niederlanden liegen sie leicht über den deutschen, obwohl das Land ebenfalls wohlhabender ist. In Westeuropa hat nur die Schweiz eine niedrigere Abtreibungsrate als Deutschland.

Der Rechtsvergleich bietet keinerlei Hinweise, dass liberalere Regelungen an sich zu niedrigeren Abtreibungsraten führen. Ohnehin beeinflussen neben dem Recht unter anderem Wirtschaft, Familienpolitik und kulturell-religiöse Prägungen die Zahlen. Im internationalen Vergleich unterstützt die deutsche Politik Familien relativ stark. Bevor man das Recht ändert in der Hoffnung, die Abtreibungsrate zu senken, müsste man die bestehenden Verhältnisse besser verstehen, um nicht womöglich den gegenteiligen Effekt zu erzielen. Es fällt immerhin auf, dass in Deutschland die Anzahl der Abtreibungen in fast jedem Jahr von 2001 bis 2021 abnahm, insgesamt um beachtliche 30 Prozent, bei insgesamt zunehmenden Geburten.

Familienpolitik

Die EKD spricht sich auch für eine andere Familienpolitik aus, etwa eine stärkere Unterstützung der Kinderbetreuung. In der Familienpolitik spielen die Finanzen eine wichtige Rolle. Natürlich kann man das Thema Schwangerschaftsabbruch nicht bloß buchhalterisch behandeln, doch zugleich sollte man nicht die politischen Realitäten übersehen.

Zu den familienpolitischen Ausgaben kämen bei einer Legalisierung die Kosten der Abtreibungen aus den Mitteln der Krankenkassen hinzu. Hier wäre der mögliche Einwand zu diskutieren, die Abtreibung von überproportional vielen Embryos mit Trisomie 21 sollte nicht mit den Krankenkassenbeiträgen finanziert werden, die die Allgemeinheit entrichtet. Davon abgesehen schlüge eine vollständige Kostenübernahme mit einem mittleren achtstelligen Betrag jährlich zu Buche, vorausgesetzt, die Zahlen bleiben konstant. Ließen sich auch angesichts dieser Mehrkosten weitere familienpolitische Initiativen durchsetzen? Vor allem die Vereinbarkeit von Familie und Beruf ist ein oft genanntes Thema, doch hier besteht schon länger größerer Finanzbedarf. Ein anderes aktuelles Anliegen ist etwa die Notwendigkeit, die Anzahl von Plätzen in Frauenhäusern in Deutschland zu verdreifachen. Dort sollen Frauen Zuflucht vor häuslicher Gewalt finden, auch vor sexueller Gewalt. Ob ein größeres Finanzierungsprogramm erfolgreich war, das 2024 auslief, muss sich noch zeigen. Doch entgegen den Absichten der EKD dürfte eine Liberalisierung des Abtreibungsrechts vermutlich in Konkurrenz zu neuen Initiativen der Familienpolitik treten. Da der Lebensschutz das entscheidende Argument der

EKD für die Liberalisierung ist und sie konstruktiv neue Formen der Hilfe zum Austragen des Kindes betont, wäre die Argumentation der EKD hinfällig, wenn sich neue familienpolitische Instrumente zum Lebensschutz nicht durchsetzen lassen.

Der Sinn des Verbots

Man kann natürlich die Legalisierung des Schwangerschaftsabbruchs unabhängig von den Kosten debattieren. Das Abtreibungsverbot könnte für sich genommen sinnlos erscheinen, wenn es Strafen fast ausschließt. Doch meines Erachtens ergibt es sachlich Sinn, unabhängig von finanziellen Gesichtspunkten.

Das Verbot der Abtreibung erfüllt die symbolische Funktion des Rechts, indem es festhält, dass der werdende Mensch schützenswert ist. Den Umgang mit dem Embryo aus dem Strafrecht herauszunehmen und in die freie Verantwortung der Individuen zu legen, macht ihn dagegen von den individuell verschiedenen moralischen Überzeugungen der Individuen abhängig, und das Anliegen des Lebensschutzes, auf das es auch der EKD ankommt, könnte sich verflüchtigen. Unter denjenigen, die sich für eine Liberalisierung einsetzen, bildet die EKD jedenfalls darin eine Ausnahme, dass sie das gerade mit dem Lebensschutz begründet.

Dass es hier ein Verbot gibt, das nicht strafbewehrt ist, ist beachtlich. Es treibt die Schwangeren nicht »pönalisierend« in die Enge. Ein himmelweiter Unterschied besteht zwischen einer Regel, die ich zähneknirschend befolgen muss, und einer Regel, die einen guten Sinn hat, weil sie der Würde des werdenden Menschen entspricht, deren Befolgung aber nur von ihrem inneren Sinn abhängt und nicht von Strafen. Das Verbot ist aus evangelischer Sicht sinnvoll, weil es die Geschöpfe schützt, die Gott der Schöpfer bejaht und für die Jesus Christus selbst einsteht. Die Schwangere, so ist zu hoffen, kann diese Regel mit Überzeugung anerkennen, nicht weil sie dazu genötigt wird, sondern weil dieses »Ja« Gottes auch ihr zugutekommt.

Je später, desto stärkerer Schutz

Doch weshalb bleibt der Großteil der Abtreibungen straffrei? Wenn der Embryo von Beginn an, seit der Befruchtung, im vollen Sinne als Person zu schützen wäre, ließe sich das nicht rechtfertigen. Ein Embryo lässt sich aber oft nicht in der Gebärmutter nieder, sondern wird vom Körper der Frau ausgestoßen. Das ist etwa bei der Hälfte der Embryos der Fall. Wenn man nun den Embryo vom ersten Augenblick an im vollen Sinne für eine Person hält, dann muss man, ganz ohne Abtreibung, eine humanitäre Katastrophe drastischen Ausmaßes beklagen, die nicht bloß hin und wieder stattfindet, sondern die Menschheitsgeschichte seit je her prägt. Entscheidend ist: So denken wir nicht über das Leben. Wer außerdem den Embryo von Anfang an für eine Person hält, erklärt einen atemberaubenden Prozess des Wachstums und der Entwicklung in der Schwangerschaft für irrelevant. Eine Gleichsetzung des frühen Embryos mit einer menschlichen Person widerspricht letztlich unserer Intuition.

Das bedeutet keineswegs, dass der Embryo im frühen Stadium der Schwangerschaft nicht zu schützen ist. Die Alternative, der frühe Embryo sei entweder Person oder bloßer »Zellhaufen«, ist falsch. Er durchläuft unter den richtigen Umständen eine außerordentliche Entwicklung, innerhalb der Beziehung zur Schwangeren. Deshalb ist er zu schützen, je später, desto stärker. Diesen Schutz kann die Schwangere zunächst mit anderen berechtigten Interessen abwägen, wie es das gegenwärtige Recht ermöglicht.

Lebensschutz in besonderen Situationen

Dass außerdem eine Behinderung des Babys eine Erleichterung der Abtreibung erforderlich macht, könnte man so pauschal ebenfalls nicht sagen. Die Furcht, dass die Lebensfreude eines Kindes sehr getrübt sei, wenn es eine Behinderung hat oder wenn es in prekären Verhältnissen aufwächst, und dass die Eltern das Leben deshalb als weniger sinnvoll empfinden, ist in der Regel unbegründet. Befragungen von Familien mit Kindern mit Downsyndrom zeigen, dass sie zufrieden oder sehr zufrieden mit ihrem Leben sind. Menschen sind in der Regel anpassungsfähig. Deswegen ist es nicht plausibel, Behinderung oder Armut ganz allgemein als Rechtfertigung für eine Abtreibung anzuerkennen.

Dennoch kann sich eine Schwangere der Aufgabe der Elternschaft nicht gewachsen sehen. Das kann unter Umständen der Fall sein, wenn die Mutter zu wenig Unterstützung erfährt, sei es durch den Partner, Verwandte oder die Gesellschaft. Es ist zu hoffen, dass sich solche Befürchtungen in Gesprächen zerstreuen. Deshalb ist die Gesellschaft gefordert, Schwangere in schwierigen Umständen und auch Menschen mit Behinderung verlässlich zu unterstützen.

Zerstreuen sich berechtigte Befürchtungen der Schwangeren aber nicht, sind sie ernst zu nehmen. Dass eine Schwangere das Mutter-Sein nicht als ein Dürfen erlebt, sondern als ein Müssen, zu dem sie verurteilt ist, ist aus evangelischer Sicht nicht tragbar. Denn das Evangelium, die gute Nachricht, soll ja ihr, der Schwangeren gelten. Um in diesem Fall eine Abtreibung zu rechtfertigen, muss aber eine Ausnahmesituation vorliegen, die – wie es im Gesetz heißt – »die zumutbare Opfergrenze übersteigt«. Je später der Abbruch erfolgen würde, desto drastischere Formen müsste eine solche Ausnahmesituation annehmen.

Ausblick

Die diskutierte Legalisierung des Schwangerschaftsabbruches über die bestehende Fristenlösung mit Straffreiheit hinaus halte ich nicht für angezeigt. Wer sich für größere Selbstbestimmung der Schwangeren ausspricht, sollte deutlicher bedenken: Wenn eine Schwangere eine Abtreibung erwägt, betrifft das nicht nur sie selbst, sondern auch das werdende Kind in ihr. Diejenigen hingegen, die einen größeren Schutz dieses Embryos einklagen, sollten bedenken: Die Norm des Lebensschutzes kann nicht den Sinn haben, jede Schwangere im Konflikt mit der Gewalt des Gesetzes zum Austragen des Kindes zu nötigen.

Doch zumindest an einer Stelle funktioniert unser Abtreibungsrecht nicht. Zahlreiche Frauen erfahren häusliche Gewalt durch ihren Partner. Werden sie dadurch schwanger, steht ihnen ein legaler Schwangerschaftsabbruch offen, für den sie nicht finanziell aufkommen müssen. Dazu müssen sie ihre Lage innerhalb von 12 Wochen der Frauenärztin deutlich machen. Nun wissen wir aber, dass die häusliche Gewalt während der Corona-Lockdowns massiv angestiegen ist. Außerdem stieg die Anzahl der Abtreibungen 2022 um 10 Prozent an und im Jahr darauf noch einmal um 2 Prozent, stets bei abnehmenden Lebendgeburten. In den Niederlanden stiegen die Zahlen 2022 gar um fast 15 Prozent. Die Zahl der Frauen, die die kriminologische Indikation in Anspruch nahmen, blieb in Deutschland aber auf auffällig niedrigem Niveau in etwa konstant.

Als Gesellschaft müssen wir besser verstehen, was sich beim Thema Schwangerschaftsabbruch in den Coronajahren zugetragen hat. Viele Frauen, die sexuelle Gewalt erfahren haben, nehmen anscheinend die Beratungslösung in Anspruch. Bei vielen Schwangerschaftsabbrüchen – mehr als bislang angenommen – geht es also nicht bloß um Probleme mit der Empfängnisverhütung. Viele meinen irrtümlich, bei der kriminologischen Indikation müsse ein Gericht die Gewalttat feststellen. Vielleicht fürchten auch einige Schwangere, mit der kriminologischen Indikation auf die Rolle des Opfers festgelegt zu werden. Womöglich können manche das Unrecht selbst nicht beim Namen nennen. Gut möglich aber auch, dass andere die regulären Verfahren nicht für vertrauenswürdig zu halten. Steckt das Abtreibungsrecht hier in einer Vertrauenskrise? Manche werden dieses Problem durch eine Legalisierung angehen wollen, doch sie sprechen oft den Vorbehalt des Lebensschutzes nicht an.

Literatur

Aus Politik und Zeitgeschichte, 69, 20 (2019): Abtreibung, https://epov.short.gy/ayYT2n, darin: KIRSTEN ACHTELIK, LIANE BEDNARZ und SARAH DIEHL, Abtreibung und Selbstbestimmung. Drei Positionen, S. 27–33; PETER DABROCK, Konflikte aushalten und menschlich gestalten. Verantwortungsethik im Umgang mit frühestem menschlichen Leben, S. 34–40. • REINER ANSELM, PETRA BAHR, PETER DABROCK und STEPHAN SCHAEDE, Dem tatsächlichen Schutz des Lebens dienen, Zeitzeichen, 1.11.2023, https://zeitzeichen.net/node/10791. • ULRICH H.J. KÖRTNER, Evangelische Sozialethik. Grundlagen und Themenfelder, 3. Aufl., Göttingen 2019, 255–258. • VERENA KESSLER, Eva, Berlin 2023.

Die Leihmutterschaft:
Soll Deutschland die Rechtslage ändern?

Die Leihmutterschaft wird wieder diskutiert. Die von der deutschen Bundesregierung eingesetzte »Kommission zur reproduktiven Selbstbestimmung und Fortpflanzungsmedizin« hat 2024 die Position eingenommen, dass es bei dem allgemeinen Verbot der Leihmutterschaft bleiben könne, dass man allerdings auch die altruistische, nichtkommerzielle Leihmutterschaft erlauben könnte, wenn das Wohl der schwangeren Frau und des Kindes gewährleistet ist. Mit einer Leihmutterschaft ist gemeint, dass eine Frau ein Baby für andere austrägt, die ihrerseits mit einem unerfüllten Kinderwunsch ringen. Das können Mann und Frau oder auch ein gleichgeschlechtliches Paar sein.

In Deutschland, Österreich und der Schweiz ist die Leihmutterschaft vollständig verboten, wie in der Mehrzahl der europäischen Länder. Als Mutter gilt die Frau, die das Kind zur Welt gebracht hat, und ein Kind kann sie nur abgeben, indem sie es offiziell zur Adoption freigibt. In den USA erlauben bestimmte Bundesstaaten die kommerzielle und die altruistische Leihmutterschaft, in Großbritannien, Griechenland, den Niederlanden, Portugal und neuerdings in Dänemark ist die nichtkommerzielle (altruistische) Leihmutterschaft legal. In Italien hat die postfaschistische Regierung das Verbot der Leihmutterschaft dagegen verschärft.

Die amerikanische Ethikerin Grace Y. Kao dagegen hat selbst als Leihmutter ein Baby für Freunde ausgetragen. In ihrem Buch »My Body, Their Baby« blickt sie mit Freude und Stolz auf ihre Leihmutterschaft zurück.[87] Vor allem begründet sie dort theologisch-ethisch, weshalb sie die nichtkommerzielle Leihmutterschaft in Kalifornien befürwortet. Dabei verdient die Leihmutter nicht finanziell, erhält aber eine Aufwandsentschädigung, etwa für Arztbesuche und Verdienstausfälle. Für Kao ist eine nichtkommerzielle Leihmutterschaft unter bestimmten Bedingungen eine außerordentliche Möglichkeit, die Liebe Gottes an Freunde weiterzugeben. Einer Legalisierung der Leihmutterschaft in Deutschland stehe ich jedoch skeptisch gegenüber.

Wie funktioniert das?

Einem Paar, mit dem Kao befreundet ist, machte sehr zu schaffen, dass ihr Kinderwunsch unerfüllt blieb. In einem Labor haben sie dann eine Eizelle mit einer Samenzelle befruchten lassen, die beide von diesem Paar stammten. Diese befruchtete Eizelle wurde dann auf die Leihmutter übertragen, mit dem Ziel ihrer Schwangerschaft (In-vitro Fertilisation: IVF). Sie hat das Baby ausgetragen und schließlich ihren Freunden übergeben. Dieses Paar nennt man die sozialen oder intendierten Eltern; ihre Elternschaft haben die Behörden offiziell anerkannt. Da die Geschlechtszellen von ihnen stammten, ist das Kind genetisch mit ihnen verwandt. Alternativ können Geschlechtszellen teils oder ganz von anderen Spendern stammen, so dass auch ein gleichgeschlechtliches Paar durch die Leihmutterschaft zu sozialen Eltern werden kann. Viele empfinden die Leihmutterschaft als moralisch verwirrend, weil der alte

Grundsatz in Frage gestellt wird: Die Identität des Vaters kann in Zweifel stehen, die der Mutter nicht.

Traditionelle Christinnen und Christen kritisieren die IVF, weil sie einem Embryo volle Personwürde zuschreiben. Bei der IVF gehen mehr Embryos verloren, als wenn es auf »natürlichem« Wege zu einer Schwangerschaft kommt. Diese Bewertung des Embryos ist aber durchaus nicht selbstverständlich. Auch reicht zur Ablehnung der Leihmutterschaft der Hinweis nicht aus, das Verfahren sei unnatürlich. Aus christlicher Sicht ist Gottes Schöpferhandeln nicht einfach auf die scheinbar natürlichen, vermeintlich unkomplizierten Prozesse der Natur beschränkt, sondern schließt teils auch das Wirken der Geschöpfe selbst ein (vgl. etwa 1. Mose 1,11.24; Ps. 139,15). Was »natürlich« ist, ist außerdem nicht unbedingt gut (etwa das Bakterium *Yersinia pestis* oder der Medinawurm). Damit ist das Urteil über die Leihmutterschaft aber noch nicht gefallen.

Kommerzielle Leihmutterschaft: international und national

Bekannt ist die Leihmutterschaft in der Ukraine. Besonders Kunden aus Italien, Rumänien, Deutschland und Großbritannien greifen auf ukrainische Agenturen zurück, denen sie etwa 40.000 Euro zahlen. Ukrainische Frauen tragen dann die Babys der Kunden aus, die sie nach neun Monaten in Empfang nehmen. Die Leihmütter erhalten dafür einen Teil der Gebühr, möglicherweise über die Hälfte.

Die internationale, kommerzielle Leihmutterschaft wird m.E. zurecht kritisiert. Eine Schwangerschaft bringt reale medizinische Belastungen und Gefahren mit sich, und natürlich ist sie eine sehr persönliche Angelegenheit.

Doch Frauen instrumentalisieren aus materieller Not ihren Leib auf eine sehr persönliche, seelisch bedeutsame Weise.

Zwar geben Ukrainerinnen auch an, sie wollten den Kunden eine Freude bereiten. Das mögen sie aufrichtig so empfinden. Doch Leihmutter und Kind werden oft wenig Gelegenheit haben, einander kennenzulernen. Verschiedene journalistische Berichte schildern außerdem, wie die Leihmütter Monate von Partner und Kindern isoliert in einer Klinik verbringen. Vor allem heben diese Medienberichte durchweg die prekäre soziale Lage der Leihmütter hervor. Dass es bei einer Leihmutter zu bedeutenden Komplikationen kommt, berichten Journalisten nur sehr selten. Das dürfte aber vor allem daran liegen, dass es wesentlich einfacher ist, Leihmütter mit einer anscheinend erfolgreichen Geschichte zu finden. Ich gewinne den Eindruck, die Kunden profitieren einseitig von der Notlage der ukrainischen Frauen.

Sollte in einem EU-Land die kommerzielle Leihmutterschaft legalisiert werden, mit nationaler Beschränkung, fragt sich, ob nicht auch hier finanzielle Anreize ein besonders starkes Argument für Leihmütter darstellen würden. Das wäre aber ein Problem: Immerhin ist die Leihmutterschaft etwas anderes als eine der üblichen physisch belastenden Tätigkeiten, wie etwa die des Feuerwehrmanns. Sie ist ein gravierender leiblicher Prozess, während dessen man keinen Anspruch auf Feierabend oder Urlaub geltend machen kann. Kein Arzt kann eine vorübergehende Auszeit verschreiben. Ja, in bestimmtem Sinne wirft die Schwangere ihr persönliches Leben in die Waagschale. Ich bezweifle, dass eine strikt kommerzielle Leihmutterschaft, eine Schwangerschaft um des Geldes willen, mit der Menschenwürde vereinbar ist.[88] Eine Juristin, die die

Leihmutterschaft befürwortet, räumt sogar ein, dass hier eine Grauzone zum Kinderhandel besteht.[89]

Weitere Kritik an der Leihmutterschaft

Laut Kao gehen Frauen, beruhend auf einer ernsthaften, auch spirituellen Selbsteinschätzung, im Bereich der Fruchtbarkeit eigenständig mit ihrer leiblichen Identität um, selbst wenn sie sich gegen gesellschaftliche Konventionen richten. Allerdings trifft diese Position auf Kritik: Die Leihmutter könnte eine emotionale Beziehung zum Baby aufbauen und es dann behalten wollen. Für das Kind wiederum könne der Gedanke, dass die leibliche Tragemutter das Kind abgegeben hat, später zu einer Identitätskrise führen.

Beide Einwände sind jedoch nicht stichhaltig. Wir wissen etwa aus den USA und Großbritannien, dass Konflikte bei der Übergabe des Kindes so selten sind, dass sie nicht ins Gewicht fallen. Zu psychologischen Konflikten des Kindes gibt es verschiedene Forschungen, die alle keine signifikanten Auffälligkeiten feststellen. Zwar können Leihmutter-Kinder leichte Verhaltensauffälligkeiten zeigen, doch dabei handelt es sich anscheinend um eine frühe Form derjenigen Identitätsfragen, mit denen Kinder allgemein während der Pubertät zu tun haben. Im Alter von 14 Jahren lassen sich bei Leihmutter-Kinder jedenfalls keinerlei Auffälligkeiten mehr feststellen.[90] Insgesamt gilt: Für die positive Entwicklung des Kindes ist nicht die Biologie entscheidend, sondern die Qualität der persönlichen Beziehungen in der Familie, die Unterstützung durch die Gemeinschaft und die Einstellung der Gesellschaft.[91]

Die altruistische Leihmutterschaft

Kao stützt sich auf ihre eigenen Erfahrungen, wenn sie mehrere Kriterien angibt, denen eine moralische, nichtkommerzielle Leihmutterschaft folgen sollte. Vor allem sollten Leihmutter und intendierte Eltern eine Vertrauensbeziehung aufbauen, in der sie vor Beginn der Leihmutterschaft alle Eventualitäten besprechen. Anschließend sollte für beiden Seiten mit einem Vertrag Rechtssicherheit geschaffen werden. Das soll für die Leihmutter auch die Möglichkeit beinhalten, aus dem Vertrag auszusteigen, wenn sie ihre leibliche Integrität gefährdet sieht, und sich für eine Abtreibung zu entscheiden.

Ziel des Prozesses sei eine persönliche Beziehung, die den Tag der Entbindung weit überdauert. Das Kind soll eine langfristige, persönliche Beziehung zur Leihmutter aufbauen können, und die Leihmutter soll auch von den sozialen Eltern fast die Wertschätzung eines Familienmitglieds erfahren. Insgesamt komme es darauf an, ob die Leihmutter ihre geistliche Berufung darin erkennt, diesem Paar zu einem Kind zu verhelfen. So könne die nichtkommerzielle Leihmutterschaft eine Bereicherung für das Kind, die sozialen Eltern und die sozialen Eltern sein.

Nichtkommerzielle Leihmutterschaft im Vereinigten Königreich

Sollte man vielleicht vor diesem Hintergrund die nichtkommerzielle Leihmutterschaft in Deutschland legalisieren? Für diese Diskussion bieten Erfahrungen aus dem Vereinigten Königreich wertvolle Hinweise.[92] Dort stellte eine Studie fest, dass von 108 Leihmüttern die Hälfte zum wiederholten Male ein fremdes Kind austrugen. Das lässt aufhorchen, bedenkt man, dass IVF, Schwangerschaft und Entbindung echte Strapazen bedeuten können. Anders als Kao es für wünschenswert hält, waren laut dieser britischen Studie außerdem nur in 10 von 108 Fällen die sozialen Eltern Freunde oder Verwandte der Leihmutter. Tatsächlich stammte die Hälfte der Leihmütter aus dem Ausland, etwa den USA oder der Ukraine. Der Schein des Altruismus verschleiert dort oft ein kommerzielles grenzüberschreitendes Arrangement.

Wenn eine Frau wiederholt als Leihmutter fungiert, mit intendierten Eltern, die bislang unbekannt sind, wirft das m.E. die Frage der Motivation auf. Eine Erklärung könnte in der Genugtuung bestehen, den intendierten Eltern eine außerordentliche Freude zu bereiten. Doch m.E. ist durchaus auch ein verdecktes kommerzielles Arrangement zu erwägen, auch wenn keine Staatsgrenzen überschritten werden. Das ließe sich etwa bewerkstelligen durch unnatürlich hohe Aufwandsentschädigungen. Immerhin bringt die IVF Strapazen mit sich, die Schwangerschaft selbst hat ihre beschwerlichen Seiten, und es kann zu Schwierigkeiten dabei kommen, eine Schwangerschaft mit der Berufstätigkeit zu verbinden. Auch für einen möglichen Partner und eigene Kinder bedeutet eine Schwangerschaft eine zusätzliche Beanspruchung. Die Entbindung ist ebenfalls nicht ohne Risiko. In den USA locken kommerzielle Leihmutter-Agenturen diejenigen, die bereits eine Leihmutterschaft abgeschlossen haben, mit einer erhöhten Zahlung. Doch nach kapitalistischer Marktlogik müssten sie das ja nicht, wenn Frauen die Leihmutterschaft oft als derart bereichernd empfänden.

Probleme bei der altruistischen Leihmutterschaft

Die Leihmutterschwangerschaft bringt außerdem medizinische Risiken mit sich. Im kommerziellen Bereich wäre die Vermittlung einer Leihmutter sehr ungewöhnlich, die zuvor noch kein eigenes Kind auf die Welt gebracht hat. So schließt man Frauen aus, die zu Komplikationen während der Schwangerschaft neigen. In einem echt altruistischen Arrangement werden es sich aber die meisten Eltern kaum leisten können, auf solchen Regeln zu bestehen. Tun sie es doch, kann etwa ein etwas erhöhtes Alter der Schwangeren ein Risiko bedeuten.

In Kalifornien kommt die Expertise der Agenturen anscheinend den Leihmüttern durchaus zugute. Wenn eine altruistische Leihmutter immerhin von einer ehrenamtlichen Agentur betreut wird, kann ihr auch das nützen. Kao berichtet, sie habe stattdessen die Schwangerschaft sorgfältig mit den intendierten Eltern geplant. Ihr hoher Bildungsstand ist freilich nicht repräsentativ. Dennoch kamen ihr Zweifel, als sie während der Schwangerschaft Unregelmäßigkeiten befürchtete (die nicht eintrafen) und sie sich fragte, ob die intendierten Eltern mit einer Abtreibung einverstanden wären. Wie soll die Leihmutter etwa handeln, wenn das Baby eine Behinderung hat, wenn es zu einer Mehrlingsbildung kommt oder wenn sich die Schwangerschaft als besondere medizinische Belastung der Schwangeren entpuppt? Was passiert, wenn sich die intendierten Eltern während der Schwangerschaft überraschend trennen und kein Baby mehr wünschen? Ist die Betreuung der Leihmutter ausreichend gewährleistet, wenn sie etwa eine Kindsbettdepression entwickelt?

Diese Fragen bergen schon in einer üblichen Schwangerschaft das Potential ernsthafter Konflikte, doch bei der Leihmutterschaft verkompliziert die Beteiligung der intendierten Eltern die Schwierigkeiten wesentlich. Da eine altruistische Mutter ihnen eine besondere Freude machen möchte – sofern sie nicht, anders als bei Kao, von verdeckten kommerziellen Zahlungen abhängig ist –, dürfte die Leihmutter deren Urteil subjektiv besondere Aussagekraft beimessen, die zu ihren eigenen Lasten gehen dürfte.

Ausblick

Kaos Erfahrungsbericht und ihre Überlegungen zur nichtkommerziellen Leihmutterschaft sind sehr eindrücklich. Sie setzen jedoch mit den Verhältnissen in Kalifornien einen anderen rechtlichen und gesellschaftlichen Kontext voraus als in Europa und besonders in Deutschland. Ich stimme Kao darin zu, dass die nichtkommerzielle Leihmutterschaft moralisch nicht einfach verwerflich ist, sondern unter bestimmten Bedingungen wertvoll sein kann. Die Beispiele aus dem Vereinigten Königreich legen aber die Vermutung nahe, dass zumindest in Einzelfällen die legale, offiziell nichtkommerzielle Leihmutterschaft dort eine illegale, kommerzielle Praxis verschleiert, national oder auch in internationaler Zusammenarbeit mit Müttern aus einem ärmeren Land wie der Ukraine. Auch darüber hinaus fragt sich, ob altruistisch handelnde Leihmütter die möglichen schwerwiegenden Folgen ihres Handelns vollkommen absehen.

Diesen Gründen gegen die altruistische Leihmutterschaft steht gegenüber, dass ein Paar an einem unerfüllten Kinderwunsch erheblich leiden kann. Der letzte Gesichtspunkt macht die Kritik aber nicht einfach wett. Da Adoptionen in Deutschland in der Regel schwer durchführbar sind, wäre etwa die Aufnahme eines Pflegekinds zu erwägen. Für die Kirchen stellt sich indes die Aufgabe, Angebote zu machen, wie Paare ihre geteilte Lebensform trotz unerfüllten Kinderwunsches als wertvoll erleben können. Das wird umso schwieriger, wenn wir die bürgerliche Kleinfamilie theologisch als Schöpfungs- und Erhaltungsordnung aufladen und Paare damit zusätzlich auf den Kinderwunsch festlegen.

Literatur

GRACE Y. KAO, My Body, Their Baby. A Progressive Christian Vision for Surrogacy, Stanford 2023. • MAREIKE FALLET, JULIA DAHLKAMP und SIGRID GRAUMANN, Gibt es ein Recht auf ein Kind? Chrismon, 1.12.2023, 32–35, https://epov.short.gy/kjGql2. • MICHAEL BANNER, Being Born and Being Born Again: On Having or Not Having a Child of One's Own, in: BANNER, The Ethics of Everyday Life. Moral Theology, Social Anthropology, and the Imagination of the Human, Oxford 2014, 60–81. • SUSAN GOLOMBOK, We Are Family. What Really Matters for Parents and Children, Brunswick 2020.

Sollen wir das Genom-Editing an menschlichen Embryos erlauben?

Mit dem Genom-Editing lässt sich das biologische Erbgut von Bakterien, Pflanzen, Tieren und auch von Menschen verändern. Das ermöglicht eine neue Technologie namens CRISPR-Cas9. Zwar wird die sogenannte Genmanipulation schon seit den 1970er Jahren praktiziert, doch das Genom-Editing macht Eingriffe ins Genom so präzise, variabel und günstig, wie es sich die Forschung noch vor fünfzehn Jahren nicht vorstellen konnte. Inzwischen wurde das erste Medikament zugelassen, das das Erbgut von Kindern und Erwachsenen mit CRISPR modifiziert und so schwere Blutbildungskrankheiten behandelt.

Von Eingriffen am menschlichen Embryo riet 2015 ein erster großer Kongress zum Genom-Editing ab. Bereits auf dem zweiten Kongress dieser Art aber gab 2018 ein chinesischer Forscher bekannt, dass er mehrere Kinder genetisch verändert hatte, als sie noch Embryos waren. Er wollte sie gegen AIDS immun machen. Anscheinend sind die Kinder wohlauf, doch immun sind sie wohl nicht.

Die meisten Forscher:innen, Ethiker:innen und Jurist:innen sind sich einig, dass die Technologie im Augenblick noch nicht zuverlässig genug ist, um Embryos genetisch zu verändern, die dann heranwachsen. Auf längere Sicht fordern das allerdings manche. Worum geht es genau – und wie wäre die genetische Veränderung von menschlichen Embryos zu bewerten, wenn das Verfahren sicher und fehlerfrei durchgeführt werden kann?

Konservativere Verfahren

Im Augenblick werden in klinischen Tests über 100 Verfahren getestet, die das Genom-Editing zur Linderung oder Heilung verschiedener Erbkrankheiten verwenden. Sie lassen sich nicht anderweitig therapieren. Hier werden die Gene in den Zellen von Kindern oder Erwachsenen modifiziert. Das ist ein konservativeres Verfahren als die Modifikation von Embryos. Das nun zugelassene Medikament etwa lindert oder heilt die Sichelzellkrankheit, die sehr vielen Menschen in afrikanischen Ländern, in den USA und Großbritannien große Beschwerden bereitet, aber auch in Deutschland. Vermutlich werden Medikamente gegen Hämophilie bzw. die Bluterkrankheit ebenfalls nicht lange auf sich warten lassen.

Kosten

Solche Therapien begrüßen Bürgerinnen und Bürger in der Regel. Tatsächlich sind die Gene nicht der Kern der Person, der an sich sakral wäre und gar nicht angetastet werden dürfte. Allerdings kann eine einzelne Therapie dieser Art Kosten von einer Million Euro und mehr verursachen. Für die europäischen Gesundheitssysteme wären sie vermutlich selbst dann noch attraktiv, zumal andere hohe Kosten ausfallen würden, die etwa die Hämophilie gegenwärtig verursacht. Doch für Menschen in ärmeren Ländern sind diese Behandlungen mittelfristig kaum bezahlbar. Die Sichelzellenkrankheit betrifft in den ärmeren afrikanischen Ländern deutlich mehr Menschen als im reicheren Westen. Das hinterlässt einen bitteren Beigeschmack, spricht aber ethisch nicht gegen diese Therapien.

Embryos genetisch modifizieren?

Zusätzlich zu den Therapien für Kinder und Erwachsene ließen sich wesentlich mehr Krankheiten auf technisch relativ simple Weise verhindern, wenn man einen Eingriff bereits am Embryo vornähme. Bei einem späteren Eingriff sind die technischen Möglichkeiten dagegen wesentlich stärker begrenzt, weil die betroffenen Zellen dann nicht erreichbar und viel zu zahlreich sind. Stattdessen würde man also den Embryo, der die genetische Veranlagung zur Krankheit hat, genetisch verändern, um ihn danach der Mutter einzupflanzen – wie bei der In-vitro-Fertilisation, aber mit zusätzlicher genetischer Modifikation. Die Modifikation von Embryos aus medizinischen Gründen würde zwar nichts am Kostenproblem ändern. Doch so würden sich schwere Krankheiten komplett vermeiden lassen, wie Huntingtons Chorea, Muskeldystrophie oder Mukoviszidose, die zu einem vorzeitigen Tod führen. Spätere Eingriffe sind gegen diese Krankheiten weitgehend machtlos.

Eingriffe am Embryo verstoßen gegenwärtig in fast allen Ländern gegen Gesetze oder Regularien, auch in Deutschland. Doch die Modifikation von Embryos hätte nicht nur bei der Krankheits-Prävention weitreichende Konsequenzen. Käme es zu einem Fehler beim Eingriff oder zu unvorhergesehenen genetischen Nebeneffekten, wären die Folgen hier ebenfalls gravierender. So oder so ist es ein wesentlicher Unterschied, ob man eine begrenzte Änderung an einem bestehenden Organismus vornimmt oder den Bauplan von Anfang an ändert. Außerdem würden Änderungen am Embryo auch an dessen Nachkommen vererbt. Werden die Gene dagegen bei Kindern oder Erwachsenen modifiziert, geben sie diese Änderungen nicht an ihre zukünftigen Kinder weiter, bei denen sich dann die ursprüngliche genetische Ursache der Krankheit wieder von Anfang an auswirken würde.

Eine Alternative zur Modifikation von Embryos

Vermutlich dürfte die Forschung in einigen Jahren technische Komplikationen beim Genom-Editing unter Kontrolle bringen. Dennoch kann man technische Probleme oder menschliches Versagen bei der Modifikation von Embryos nie ganz ausschließen. Ohnehin einfacher und günstiger, aber auch weniger riskant ist da eine Option, die bislang weniger Aufmerksamkeit erhält. Das ist die Prä-Implantations-Diagnostik (PID), die seit 2011 in Deutschland legal ist. Befürchtet ein Paar eine schwere genetische Belastung des Kindes, etwa aufgrund der Familiengeschichte, können Embryos genetisch untersucht werden, und nur derjenige wird der Mutter eingepflanzt, der die entsprechende Mutation nicht aufweist. So lassen sich bereits heute schon Krankheiten wie Huntingtons Chorea, Muskeldystrophie oder Mukoviszidose vermeiden.

PID wird schon länger und auf breiterer Ebene z.B. auf Zypern praktiziert, wo außergewöhnlich viele Menschen eine Veranlagung zu einer schweren Krankheit des Blutbilds haben (Beta-Thalassämie – die dortige Orthodoxe Kirche bejaht das Verfahren). Obwohl bei der PID eine höhere Anzahl von Embryos verloren geht als bei der natürlichen Schwangerschaft, lässt sie sich meines Erachtens durch die Vermeidung besonders schwerer Krankheiten wie etwa Huntingtons Chorea rechtfertigen. In Deutschland wird die PID relativ selten durchgeführt (auf etwa 190 In-vitro-Fertilisationen kommt eine PID).

Ausblick

Meines Erachtens besteht keine Notwendigkeit, genetische Eingriffe an menschlichen Embryos zu legalisieren. Am bisherigen Verbot ist auch gut, dass die Tür zu »Enhancements« verschlossen bleibt, also zu nicht-medizinischen Wunschmerkmalen. Im Hintergrund steht dabei die Möglichkeit, möglicherweise nicht-medizinische Eigenschaften des Kindes wie Augenfarbe, Athletik oder Gedächtnisleistung zu beeinflussen. Zur Diskussion solcher Wunschmerkmale bräuchte es eigentlich ein eigenes Kapitel. Wenn sich Eltern aber schon zu dem so aufwendigen Schritt eines Enhancements entschlossen haben, ist zu befürchten, dass sie das Kind später besonders kritisch an dem Idealbild messen werden, das sie zur genetischen Modifikation motiviert hat.[93]

Insgesamt geht es auch darum, wie wir über unsere Leiblichkeit denken. Einerseits werden etwa von Jesus zahlreiche Krankenheilungen überliefert. Andererseits schrieb Paulus, Gottes Kraft sei in seiner Schwachheit mächtig (2. Kor. 12,9). Anstrengungen gegen schwere Krankheiten halte ich für legitim, und so lässt sich auch die PID rechtfertigen. Doch die Hoffnung, dass allgemein ein Leben mit Wunschmerkmalen und größeren körperlichen Möglichkeiten ein besseres Leben ist, täuscht. Mehr ist nicht gleich besser. Beleg sind die zahlreichen Menschen mit Behinderung, die trotz merklicher Einschränkungen sehr zufrieden mit ihrer Lebensqualität sind.[94] Zwischen der Wertschätzung des menschlichen Faktors einerseits, unabhängig von den Lebensumständen, und dem Bemühen zur Vermeidung schwerer Krankheiten andererseits, etwa der PID, ist ein Mittelweg zu finden. Man sollte keinen der beiden Pole zulasten des anderen verabsolutieren. Ebenso sollten uns die neuen Möglichkeiten des Genom-Editing nicht zu Wunschträumen über immer neue körperliche Möglichkeiten verführen, in denen das wirkliche Leben aus dem Blick verschwindet. Es bleibt nämlich auch in seinen Begrenzungen ein gutes Leben.

Literatur

TED PETERS, Playing God? Genetic Determinism and Human Freedom, 2. Aufl., New York 2003. • HILLE HAKER, Hauptsache gesund? Ethische Fragen der Pränatal- und Präimplantationsdiagnostik. Zur aktuellen Debatte, München 2011. • GÜNTER THOMAS, Enhancement. Evangelisch Theologische Optionen in der gegenwärtigen Debatte, in: MONIKA MÜLLER, GERALD HARTUNG und STEPHAN SCHAEDE (Hg.), Sie Sie gut genug? Zur Selbst-Optimierung und Vervollkommnung des Menschen, Loccumer Protokolle 60/10, Rehburg-Loccum 2010, 25–38.

Was ist von der *Sterbehilfe zu halten?*

Der Bundestag konnte sich bislang nicht auf ein Gesetz zur Regelung der Sterbehilfe einigen. Das Bundesverfassungsgericht hatte jedoch 2020 geurteilt, dass die ärztliche Beihilfe zur Selbsttötung auf allgemein zugänglicher Basis nicht verboten werden dürfe. Damit ist das bisherige strafrechtliche Verbot der sogenannten geschäftsmäßigen Sterbehilfe nichtig, und es muss eine neue Regelung gefunden werden. Auf Wunsch können Ärzte also den Sterbewilligen ein tödliches Gift zur Verfügung stellen, das die dann selbst aktiv einnehmen. Die Möglichkeit, sich am Ende des Lebens so zu entscheiden, gehört laut dem Karlsruher Gericht zum Recht auf freie Entfaltung der Persönlichkeit, das im Grundgesetz eng mit der Menschenwürde verbunden ist. Trotz der Schwierigkeiten im Bundestag dürfte der assistierte Suizid bald leichter verfügbar sein. Aber was ist davon ethisch zu halten?

Das Urteil des Bundesverfassungsgerichts

Die Richter:innen des Gerichts knüpfen die Beihilfe zum Suizid an die Bedingung, dass es sich um einen wohlüberlegten Entschluss derer handelt, die darum bitten. Menschen mit geistiger Verwirrung sollte die Sterbehilfe also verwehrt bleiben. Eine ärztliche Pflicht zur Suizidbeihilfe besteht außerdem laut Bundesverfassungsgericht nicht. Kirchliche Krankenhäuser etwa können sich weigern, Beihilfe zum Suizid zu leisten. Auch im Blick auf kirchliche Pflegeheime fragt sich, ob das die ethische Lösung ist.

Das Urteil sieht ebenfalls vor, dass die Beihilfe zum Suizid legal sein soll, auch wenn keine Krankheit vorliegt. Für einen sogenannten »Bilanz-Suizid« kann man also ohne besonderen Leidensdruck ärztliche Hilfe in Anspruch nehmen. Außerdem schweigt das Gericht zu einer anderen Form der Sterbehilfe, der Tötung auf Verlangen. Damit bleibt strafbar, dass eine Ärztin auf Wunsch aktiv die Giftspritze setzt, anstatt das Gift bereitzustellen, das die Patientin dann aktiv einnähme.

Argumente für den assistierten Suizid

Das stärkste Argument für die assistierte Selbsttötung ist, dass manche schwerkranke Menschen große Schmerzen haben. Ihnen möchte man die Möglichkeit geben, auf Wunsch ihr Leiden zu verkürzen, so dass sie nicht das Abwarten des Todes besonders leidvoll durchstehen müssen. Eine Alternative zum assistierten Suizid kann in der Palliativmedizin bestehen: In diesem Zweig der Medizin ist nicht die Heilung das eigentliche Anliegen, sondern die Linderung der Schmerzen während des Sterbens. Hier hat man große Fortschritte gemacht. Dennoch kommt die Palliativmedizin verschiedentlich an ihre Grenzen. Bei besonders starker Sedierung kann etwa mit dem Schmerz zugleich das Bewusstsein des Patienten betäubt werden. Der Gedanke an eine solche Situation mag manchen sehr zuwider sein. Zumindest im Einzelfall ist diese Haltung zu respektieren.

Manchmal wird die Sterbehilfe mit der Ansicht kritisiert, Gott sende den richtigen Zeitpunkt des Sterbens, und mit dem assistierten Suizid greife der Mensch dem unberufen vor. Aber diese Ansicht ist kaum haltbar, bedenkt man, dass viele reguläre Entscheidungen den Zeitpunkt des Sterbens mitbestimmen, die wir keineswegs als ähnlich ethisch geladen wahrnehmen: Wie oft nehme ich medizinische Vorsorgetermine wahr, wie gesund ernähre und bewege ich mich?

Der Bedarf an besseren Informationen

Zugleich sind auch Missverständnisse der Palliativpflege verbreitet, so dass manche Menschen vorschnell die Sterbehilfe für ihre einzige Option halten. Eine Spezialistin der Sterbebegleitung berichtet etwa von der Hospizstation, wie Angehörige Knackgeräusche in der Atmung eines bewusstlosen Patienten für leidvolle Atembeschwerden halten. Sie als Fachfrau erkennt in diesen Lauten dagegen eine tiefe Entspannung.[95] Manchmal steht hinter dem Wunsch der Sterbehilfe auch die Haltung: »Sobald ich Windeln benötige, bringt mich um«. Eine Philosophin hinterfragt das kritisch: Die immer umfangreicheren Abteilungen für Erwachsenenwindeln in den Supermärkten zeigen, dass Inkontinenz keineswegs eine Katastrophe, sondern eine elementare Tatsache des menschlichen Lebens ist.[96] Möglich, dass hinter einem Wunsch nach Sterbehilfe ein Vorurteil steht, das sich abbauen lässt.

Sterbehilfe in Europa

In den Niederlanden, wo seit den Neunzigern Sterbehilfe praktiziert wird, steigen die Zahlen seit 2006 auf relativ hohem Niveau stetig an. Die Sterbehilfe machte 2023 landesweit 5,3 Prozent aller Sterbefälle aus (zumeist Tötung auf Verlangen), wobei die Rate in Amsterdam besonders hoch ist. Die Rate der »Brutalsuizide« ist aber seit 2012 wieder auf das Niveau der neunziger Jahre geklettert.

In Belgien steigt ebenfalls die Zahl derer, die Sterbehilfe in Anspruch nehmen, kontinuierlich – von 0,2 Prozent (2003) auf offiziell 3 Prozent aller Todesfälle (2023). Die Tötung auf Verlangen ist in Belgien ebenfalls legal. Angesichts verstärkter Präventionsmaßnahmen hat die relativ hohe Rate der Brutalsuizide abgenommen, wenn auch längst nicht so deutlich, wie die Sterbehilfe zugenommen hat.

In der Schweizer Wohnbevölkerung ist der Anteil der assistierten Suizide unter allen Todesfällen von 2007 bis 2022 von 0,4 auf 2,2 Prozent angestiegen, bei insgesamt steigenden Sterbezahlen in einer alternden Gesellschaft. Der unassistierte Suizid macht zusätzliche 1,3 Prozent aller Todesfälle aus – die Rate nimmt seit etwa 2010 nur leicht ab, angesichts stärkerer Präventionsmaßnahmen. Die Tötung auf Verlangen ist in der Schweiz illegal. Doch die stetig steigende Inanspruchnahme der Sterbehilfe ist nicht nur eine europäische Erscheinung: In Kanada machte sie 2023 4,1 Prozent der Sterbezahlen aus.[97]

Ein vermeintliches Argument für die Sterbehilfe lautet: Wenn Sterbehilfe möglich ist, gebe es neues Vertrauen, dass der letzte Ausweg offensteht, und so erhalten Menschen die Kraft, Sterbehilfe gerade nicht in Anspruch zu nehmen. Doch die kontinuierlich steigenden Zahlen sprechen gegen diese Ansicht. Für eine Abnahme der Brutalsuizide sorgt die Sterbehilfe ebenfalls nicht. Nun steht ein Verbot des assistierten Suizids in Deutschland nicht mehr zur Debatte, doch es stellt sich die Frage, ob christliche

Heime und Krankenhäuser in der Trägerschaft der Diakonie – vorbehaltlich einer näheren rechtlichen Prüfung – die Sterbehilfe ebenfalls anbieten sollen.

Der Todeswunsch als Symptom?

Manche mögen die Sterbehilfe als einen Gewinn an Autonomie erleben. Ein Ringen um die Bejahung des Lebens auch unter schweren Umständen wird allerdings erschwert, wenn ein vermeintlicher Ausweg offensteht. Das ist besonders bedenklich, wenn man das Leben für eine Leihgabe des Schöpfers hält, die an sich kostbar ist, auch dann, wenn das Leben einen beschwerlichen Verlauf nimmt.

Bedenklich ist dabei außerdem, dass ein Todeswunsch für schwere psychische Krisen nicht unbedingt untypisch ist, solche Krisen allerdings auch oft vorübergehen. Man soll den Todeswunsch nicht pathologisieren, doch er kann durchaus auch ein Anzeichen für andere Konflikte sein.[98] Viele Menschen, die einen Suizidversuch unternehmen, bereuen ihn außerdem später.

Was bedeutet hier das Urteil des Bundesverfassungsgerichts, dass ein Verbot der Sterbehilfe der freien Entfaltung der Persönlichkeit und der persönlichen Autonomie widerspreche? Eine entschiedene Liberalisierung der Sterbehilfe setzt voraus, dass der Mensch im vollen Besitz seiner rationalen Kräfte ist und die Neigung des Willens in eine Richtung mehr ist als eine Momentaufnahme. Sollte ein Todeswunsch dagegen verschiedentlich ein »Hilferuf und ein Symptom für tieferliegende Probleme« sein,[99] ist dieses Bild des rationalen Menschen zu hinterfragen, der sich über seine wahre Situation im Grunde im Klaren ist.

Ist nicht der Mensch tatsächlich stärker ein verwundbares Wesen, das sich selbst nicht immer ganz transparent ist?[100] Damit wird der Begriff der »Entfaltung der Persönlichkeit«, an dem sich das Bundesverfassungsgericht orientiert, deutlich komplexer.

Die gesellschaftliche Perspektive

Der Suizid kann sehr unterschiedliche Gründe haben. Sie können auch sozialer oder materieller Art sein. Laut einer repräsentativen Umfrage[101] aus den Niederlanden geben unter denen, die die Sterbehilfe in Anspruch nehmen wollen und sie voraussichtlich erhalten, 42 Prozent als Grund an, dass sie niemandem zur Last fallen wollen. Das Bundesverfassungsgericht führt eine Statistik aus Oregon an, laut der bei 42 oder gar 55 Prozent derer, die assistierten Suizid begingen, ebenfalls der Gedanke entscheidend war, niemandem zur Last zu fallen. Um etwas als Last zu empfinden, müssen wir uns zumindest vorstellen können, dass es nicht mehr da ist. Diese Vorstellung wird mit der Sterbehilfe wesentlich leichter. Wie sehr das, was wir uns vorstellen und wünschen, von dem beeinflusst wird, was gesellschaftlich möglich und anerkannt ist, unterschätzen wir oft.

Hinzu kommt ein demografischer Trend. Im Jahr 2020 kamen in Deutschland auf 100 Menschen im erwerbsfähigen Alter bereits 31 Menschen, die 67 Jahre oder älter waren. Im Jahr 2050 werden auf 100 Erwerbsfähige aber 47 im Rentenalter kommen. Wirtschaftlich und arbeitsökonomisch ist das eine Herausforderung. Damit ist nicht ausgemacht, dass die jüngeren Menschen die älteren tatsächlich als Last empfinden werden. Dass eine zunehmende Anzahl von Älteren gerade das denken dürfte, ist aber plausibel.

Eine etwas andere Form kann die Sorge annehmen, wenn man sich Kosten der Pflege vor Augen hält. Der Vizepräsident einer Schweizer Sterbehilfeorganisation berichtet von einem Gespräch, in dem ihn jemand fragte, der von der Sterbehilfe Gebrauch machen wollte: »Weshalb soll ich 200.000 Schweizer Franken später sterben?«[102] Aus Kanada stammen Beispiele von Menschen, die sich für die Sterbehilfe entschieden haben, weil die Warteschlange für die Krebsbehandlung zu lang war.[103]

Auch die sozialen, ökonomischen und organisatorischen Faktoren beeinflussen die eigenen Entscheidungen – auch dann, wenn wir sie für genuin unsere eigenen halten. Das wird dann zum Problem, wenn diese Entscheidungen mit der neuen Möglichkeit des assistierten Suizids plötzlich eine sehr viel größere Tragweite bekommen.

Fazit

Die Möglichkeit des assistierten Suizids dürften bestimmte Personen als einen Zugewinn an Autonomie erleben. Doch in einem bestimmten Sinn hat es den Anschein, dass die Möglichkeit für andere Menschen auch eine Schwächung der Autonomie bedeutet. Wer seinen Mitmenschen nicht mehr zur Last fallen möchte, wird zwar die Entscheidung zum assistierten Suizid als die eigene, autonome Entscheidung darstellen. Doch diese Entscheidung ist stärker von sozialen und gesellschaftlichen Faktoren mitbestimmt, als ein starker Begriff der Autonomie suggeriert. Manche werden sich jetzt eher als eine Last imaginieren, was vorher weniger naheliegend war.

Teils wird die eigene Entscheidung auch von einem komplizierteren psychologischen Gesamtbild mitbestimmt. Im Rückblick stellt sich ein Todeswunsch manchmal als ein Symptom einer anderweitigen Krise dar. Es ist also misslich, in der Frage des assistierten Suizids einen starken Begriff der Selbstbestimmung ganz in den Vordergrund zu rücken, die doch sozial eingebettet bleibt und prekärer sein mag, als es den Anschein hat. Darin liegt eine bittere Ironie: Soziale und psychische Schräglagen gewinnen nun eine andere Durchschlagskraft, und die vom Bundesverfassungsgericht betonte freie Entfaltung der Persönlichkeit führt zur Beendigung der Persönlichkeit.

Ein Ethiker spitzt seine kritische Stellungnahme zu einer bestimmten Variante der Sterbehilfe mit einem Vers der Dichterin Mascha Kaléko zu: »Bedenkt: den eignen Tod, den stirbt man nur, doch mit dem Tod der andern muss man leben.«[104] Befürworter der Sterbehilfe wenden ein: Besteht nur ein sehr eingeschränktes Angebot der Sterbehilfe, dann muss die Gesellschaft damit leben, dass sie unnötiges Leiden verlängert, weil ein Suizidwilliger die empfundene Sinnlosigkeit nicht beenden kann. Doch Kalékos Aussage ist meines Erachtens besonders aussagekräftig angesichts der Tatsache, dass die Möglichkeit der Suizidassistenz in einigen Fällen eine problematische Möglichkeit zu einer realistischen Option macht, die ansonsten eher nicht die autonome Wahl wäre. Wenn es Kirchen möglich ist, sich gegen den assistierten Suizid in kirchlichen Krankenhäusern und Heimen auszusprechen, dürfte das den Menschen dort durchaus zugute kommen.

Literatur

REINER ANSELM, ISOLDE KARLE und ULRICH LILIE, Den assistierten professionellen Suizid ermöglichen, in: Zeitzeichen, 11.1.2020, https://zeitzeichen.net/node/8772. • ULRICH H. J. KÖRTNER, Dem Leben dienen – bis zuletzt. Die Debatte zur Suizidbeihilfe und der Auftrag der Diakonie, in: Zeitzeichen, 1.2.2012, https://zeitzeichen.net/node/8835. • ANDREAS KRUSE, Einfühlsame Störfragen, in: Frankfurter Allgemeine, 14.3.2021, https://epov.short.gy/2dusTm • KRISTINA KÜHNBAUM-SCHMIDT (Hg.), Streitsache Assistierter Suizid. Perspektiven christlichen Handelns, Leipzig 2022, darin besonders: ANNETTE NOLLER, Assistierter Suizid. Perspektiven der Diakonie, 67–89. • ROLF RAUM, in: Der Freitod vor Gericht, Die Zeit 44/2022, 20.

KAPITEL IV

KLIMAKRISE UND UMWELTSCHUTZ

Nötigt uns die Klimakrise zu einem *Abschied vom Wirtschaftswachstum?*

Laut einer informellen Befragung von Klimaforschern haben viele die Hoffnung aufgegeben, die Erderwärmung auf 1,5 Grad zu begrenzen, wie beim Pariser Abkommen anvisiert.[105] Andererseits haben einige Länder bis 2022 mindestens fünf Jahre lang ein Sinken des CO_2-Ausstoßes bei gleichzeitigem Wirtschaftswachstum verzeichnet. Das Wirtschaftswachstum wurde also von den Emissionen der Treibhausgase »entkoppelt«, die die Klimakrise verursachen.[106] Sie liefern gewissermaßen eine Machbarkeitsstudie für das »grüne Wachstum«. Man hofft, durch einen Strukturwandel in der Energiegewinnung unsere wachstumsorientierte, kapitalistische Wirtschaftsweise beibehalten zu können, aber die damit verbundene Umweltzerstörung auf ein Ausmaß zu begrenzen, mit dem man noch umgehen kann. Dennoch war der Sommer 2024 der heißeste seit Beginn der Aufzeichnungen, nachdem bereits 2023 Rekorde gebrochen hat.

Gut möglich, dass der weltweite Treibhausgasausstoß ab 2024 sinkt – doch selbst dann bewegt er sich noch auf hohem Niveau. Womöglich entspricht der Optimismus beim grünen Wachstum der Aussage: Keine Sorge, wir verlangsamen die Fahrt – während die Titanic auf den Eisberg zusteuert. Reicht also das Entkoppeln von Wirtschaftswachstum und Treibhausgasen aus, um das schlimmste zu verhindern? Oder muss man die Option »Degrowth« verfolgen, also die Wirtschaft rigoros umkrempeln und jegliches Wirtschaftswachstum vermeiden, weil der Kapitalismus den Planeten ruiniert?

Was heißt hier: bremsen?

In der EKD-Denkschrift »Umkehr zum Leben« (2009) hieß es, Wirtschaftswachstum im Sinne der Zunahme des Bruttoinlandsprodukts stehe dem Ziel einer »nachhaltigen, zukunftsfähigen Gesellschaft« entgegen. Doch die EKD sprach sich nicht gegen Wirtschaftswachstum aus, sondern für ein Wachstum, das ökologisch nachhaltig ist.[107] In seiner Öko-Enzyklika »Laudato sí« (2015) forderte auch Papst Franziskus, die Wirtschaftsordnung nicht nur kleinteilig zu ändern. Er rief dazu auf, »den Konsum zu mäßigen, die Effizienz der Ressourcennutzung maximal zu steigern und auf Wiederverwertung und Recycling zu setzen«.[108] Doch auch das klingt nach größerer Konsequenz im grünen Wachstum. Kapitalismus und Marktwirtschaft stellt auch Franziskus nicht infrage.

Grünes Wachstum

Laut dem Konzept des grünen Wachstums soll unsere Wirtschaft nur in den Bereichen wachsen, die klimaverträglich sind. Profite müssten wir fast ohne Treibhausgase generieren. Der Strukturwandel, der hier nötig ist, ist bereits im Gange. Die Emissionen sinken zwar nicht schlagartig, doch Deutschland hat sich dem Ziel verschrieben, bis 2045 die Klimaneutralität zu verwirklichen. Die EU plant, dieses Ziel fünf Jahre später zu erreichen.

Doch wir können nicht einfach annehmen, dass das grüne Wachstum ein gangbarer Weg ist. In den kommenden Jahren müssen wir den deutschen Strombedarf nicht nur wie zuletzt zu knapp sechzig Prozent mit erneuerbaren Energien decken, sondern zu hundert. Doch durch Wärmepumpen und E-Autos wird der Strombedarf steigen. Und was tun, wenn es zur Dunkelflaute kommt?

Neben dem Energiesektor gibt es noch andere Unsicherheiten: Werden unsere Meere bald leergefischt sein? Nimmt die Produktivität unserer Böden so sehr ab, dass wir die Agrarprodukte gar nicht mehr erzeugen können, nach denen eine wachsende Wirtschaft verlangt? Wie steht es mit anderen Ressourcen wie zum Beispiel den seltenen Erden? Und erlaubt der Kapitalismus überhaupt eine ausreichende Drosselung der Treibhausgas-Emissionen?

Der dritte Weg: Schrumpfen, aber nicht chaotisch

In dieser schwierigen Lage stammt ein interessanter Beitrag von der Journalistin Ulrike Herrmann. In ihrem Buch »Das Ende des Kapitalismus« zeigt sie einen dritten Weg zwischen grünem Wachstum und dem Degrowth-Chaos auf. Zwei bittere Pillen müssen wir laut ihr schlucken: Das grüne Wirtschaftswachstum ist eine Illusion, und wir müssen uns vom Kapitalismus mit seinen schönen Renditen verabschieden. Die gute Nachricht: Die Gesellschaft kann frei, demokratisch und stabil bleiben. Dabei könnten wir durchaus an Lebensqualität und Gerechtigkeit gewinnen. Doch vor allem bleibt uns die völlige Klimakatastrophe erspart, und eine Absage an den Kapitalismus muss keineswegs gleichbedeutend sein mit einem autoritären Sozialismus. Die Blaupause für eine solche Entwicklung sieht Herrmann in der demokratisch kontrollierten Kriegswirtschaft, die Großbritannien während des Zweiten Weltkriegs unterhalten hat.

Herrmann würdigt, wie viel Gutes der Kapitalismus uns gebracht hat. Das entscheidende Problem ist aber: Er ist im Wesen eine Wette auf das Wirtschaftswachstum von morgen. Man kann nicht das Wachstum mehr und mehr drosseln, weil es unsere CO_2-Budgets auffrisst, aber dabei Kapitalist bleiben. Wirtschaftswachstum auf der Grundlage der erneuerbaren Energien hält Herrmann für unrealistisch: Wenn die Sonne nicht scheint und der Wind zu schwach weht, werden wir nicht genügend Energie haben. Weil wir nicht immer mehr und immer schneller produzieren können, bricht der Kapitalismus zusammen. Also: Wenn schrumpfen, dann nicht mit einer Wirtschaftstheorie, die nach wie vor so tut, als lebten wir im Kapitalismus.

Staatliche Verteilung ...

Wenn wir aber nicht mehr kapitalistisch wirtschaften, müssen wir auch ein anderes Prinzip finden, um Güter so zu verteilen, dass niemand leer ausgeht. Diese Aufgabe erfüllt der kapitalistische Markt schon jetzt nicht gerade gut. Wie in der britischen Kriegswirtschaft soll also der Staat die Waren zuteilen. Bei der Umstellung der britischen Industrie auf die Rüstungsproduktion wurden damals andere Güter knapp. Doch die staatliche Organisation sorgte dafür, dass auch die Ärmeren keinen Mangel an Nahrung, Medikamenten und anderem hatten. So würde auch in der Zukunft niemand mehr als eine bestimmte Menge an Gütern erhalten – aber auch nicht weniger. Eine solche Neuorganisation dient natürlich nicht der Waffenproduktion wie damals in Großbritannien. Entscheidend ist, dass wir nur so viel produzieren, wie der Planet langfristig erlaubt.

... in einer freien Gesellschaft

Vor allem die rare Energie würde so an die Unternehmen zugewiesen, dass dieses System funktioniert. Darüber hinaus bleibt die Gesellschaft aber frei. Unternehmen, Presse, Wahlen und anderes lenkt der Staat nicht, darauf besteht Herrmann. Es handelt sich nicht um eine sozialistische Planwirtschaft. Dass es in Großbritannien bei diesem Unternehmen sozial gerechter zuging als zuvor, machte diese Wirtschaftsweise dort sogar sehr beliebt.

Ist das realistisch?

Ob sich ein solches Vorhaben in dieser Form durchsetzen lässt, bezweifle ich. »Es ist einfacher, sich das Ende der Welt vorzustellen, als das Ende des Kapitalismus« (Frederic Jameson). In einer nicht-kapitalistischen Klimawirtschaft hängt das Autofahren von der Verfügbarkeit des Stroms ab, und Fliegen wäre kaum möglich. Der Finanzsektor bräche zusammen, weil er vom Investieren in gewinnorientierte, kapitalistische Unternehmen lebt, wie Herrmann erläutert. Das neue Modell müsste sich klar demokratisch legitimieren, doch nicht einmal die Grünen sprechen sich dafür aus, die Gesellschaft so drastisch umzukrempeln. Schrumpfen bedeutet Rezession und gefährdet Arbeitsplätze. In Deutschland sind Proteste absehbar, und unsere Demokratie könnte schnell in Chaos und Tumult abgleiten. Die grüne Energiewende lässt sich dann anscheinend nicht mehr steuern und bezahlen. Doch auch der Rückgang der Wirtschaftsleistung an sich ist bedenklich. Eine Analyse der Rezession von 2020 ergab: Eine fünfprozentige Abnahme des Bruttosozialproduktes weltweit würde den zusätzlichen Tod von über 280.000 Kleinkindern bedeuten, wovon besonders Subsahara-Afrika betroffen wäre.[109]

Grenzen der Moral

Theoretisch könnten wir uns aus dem Grunde zur ökologischen Planwirtschaft durchringen, dass die Klimakrise äußerst ungerecht ist. Unter ihr leidet besonders die große Mehrheit der Menschen, die keine Schuld daran trägt, z.B. in vielen afrikanischen Ländern. Ihr CO_2-Ausstoß ist lächerlich gering. Doch allein um der Gerechtigkeit willen wird sich die Ökowirtschaft nicht durchsetzen. Ein eingespieltes System wie unsere Wirtschaft lässt sich nie leicht verändern. Seien wir ehrlich: Zu einer merklichen Einbuße im Wohlstand wird sich die Bevölkerung letztlich nicht durchringen, auch wenn es der Gerechtigkeit und der Nachhaltigkeit dienen würde. Wir haben ohnehin schon Schwierigkeiten, die Dekarbonisierung der Wirtschaft gegen diejenigen Kräfte durchzusetzen, die auf der fossilen Wirtschaft beharren. Wie sollte dann eine noch gründlichere Umstellung der Wirtschaft, womöglich auf eine Planwirtschaft, gelingen?

Ausblick

Ich hoffe, dass die Bilanz der Energiewende nicht so ernüchternd ausfallend wird, wie Herrmann meint. Die

Möglichkeiten, den grünen Strom in Batterien zu speichern, beurteilt sie zu pessimistisch. Der Bau von Windkraftanlagen im Meer verringert das Risiko des Strommangels wegen Windstille deutlich. Zumindest hier sind die Aussichten des grünen Wachstums nicht so schlecht, wie Kritiker lange meinten.

Doch neben der Energieversorgung bleiben andere limitierende Faktoren, die eine Fortsetzung des kapitalistischen Wachstums erschweren – etwa die Erschöpfung unserer Böden und das Versiegen anderer natürlicher Ressourcen. Auch wenn ein Ende des Kapitalismus an sich wenig wahrscheinlich ist, lohnen sich kritische Diskussionen. Länder, die Wirtschaftswachstum mit größeren Umweltschäden bezahlen, stehen etwa in der ökonomischen Statistik zunächst besser da. Im Bruttosozialprodukt schlägt die Umweltzerstörung eher nicht negativ zu Buche. Das Privatflugzeug eines Millionärs oder die Reparatur von Flutschäden dagegen steigern das Bruttosozialprodukt. Hier ist der Hinweis der EKD-Denkschrift sinnvoll, dass wir das Wirtschaftswachstum nicht mehr als Zunahme des Bruttosozialprodukts messen sollten. Beim grünen Wachstum sollte man die Wirtschaft so aufschlüsseln, dass sich die Umweltzerstörung negativ auf die Kennzahlen auswirkt.

Literatur

Hans Diefenbacher, Der Teich ist voll. Postwachstum heißt die Herausforderung für die Ökonomie des 21. Jahrhunderts, in: Zeitzeichen, Juni 2015, https://zeitzeichen.net/archiv/2015_Juni_postwachstum. • Hannah Ritchie, Hoffnung für Verzweifelte. Wie wir als erste Generation die Erde zu einem besseren Ort machen, München 2024. • EKD, Umkehr zum Leben. Nachhaltige Entwicklung im Zeichen des Klimawandels, Gütersloh 2009.

Straßen blockieren für den Klimaschutz?

Vertreter:innen der evangelischen und der katholischen Kirche haben sich wiederholt für die Initiative »Fridays for Future« ausgesprochen. Gegenüber deren Schulstreiks und Demonstrationen erregen die Aktionen der »Letzten Generation« mehr Aufmerksamkeit. Seit 2022 protestiert die Initiative gegen eine Klimapolitik, die sie für zu zaghaft hält. Mitglieder haben häufig Straßenkreuzungen blockiert, indem sie sich auf dem Asphalt festklebten. Autofahrer:innen, die feststeckten, reagierten aufgebracht. Immerhin ist diese Protestform nicht gewalttätig, und die Protestierenden akzeptieren Strafen wie Bußgelder oder gar Freiheitsstrafen. So ist es Deutschland schon zu über 3000 Gerichtsverfahren gekommen. Andererseits haben Richter:innen teilweise aufgrund der guten Ziele teils besonders milde geurteilt. Nachvollziehbar ist immerhin, dass die Gruppe von Zukunftsangst getrieben ist und als »Feuermelder« die Öffentlichkeit alarmieren will. Eine Aktivistin der Letzten Generation erhielt auf einer EKD-Synode großen Applaus.

Gegenüber den Blockaden haben Kritiker gefragt: Wohin soll es führen, wenn Moralisten sich Verstöße gegen Recht und Ordnung rausnehmen? Die Letzte Generation meinte, sie würde zum Beispiel keine Krankenwagen blockieren. Doch 2022 verursachte sie einen Verkehrsstau in Berlin, in dem ein Rettungswagen feststeckte. Der war unterwegs zu einem Unfallort, wo eine verunglückte

Radfahrerin schließlich verstarb. Die Staatsanwaltschaft meinte, der Einsatzwagen hätte die Radfahrerin auch ohne Stau nicht retten können. Die Letzte Generation treffe keine Schuld. Doch die Sache hätte auch anders ausgehen können!

Der Protest organisiert sich neu

Seit 2024 rückt die Letzte Generation eher von Straßenblockaden ab. Während Aktivisten noch vereinzelt dieser Strategie folgen, gehen andere Protestformen weiter. Einzelne Aktivisten waren in den Hungerstreik getreten, um die Regierung zu entschiedenerem Klimaschutz zu bewegen. Sechsmal haben Aktivistinnen und Aktivisten einen Flughafen blockiert, einmal ein Privatflugzeug angemalt. Sie pinseln großflächig politische Slogans an Gebäude, etwa das Bundeskanzleramt. Nach einem Farbanschlag auf das Brandenburger Tor entstanden hohe Reinigungskosten. 2022 haben Demonstranten Erdöl-Pumpanlagen blockiert. Diese neuen Aktivitäten richten sich auch gegen diejenigen, die für stärkere Emissionen verantwortlich sind, und weniger einseitig gegen die einfachen Bürger:innen. Doch hier entsteht größerer Schaden, und nach wie vor bringen die Klimademonstranten anscheinend die Bevölkerung gegen ihr Anliegen auf.

Allerdings erscheint die Aufregung über den Klimaprotest teils unverhältnismäßig. Es wurde mit anderem Maß gemessen, als Bauern Anfang 2024 gegen Subventionskürzungen protestierten.[110] Auf zumindest fahrlässige Weise provozierten sie in wenigen Monaten über 20 Autounfälle bei Protesten in Deutschland, mit Verletzten und mindestens einem Toten, und bedrohten wiederholt Politiker.

Bayern hat 27 Klimaaktivisten, die sich nichts haben zu schulden kommen lassen, präventiv inhaftiert, doch mit den Anarcho-Bauern solidarisierte sich die bayerische Agrarministerin. Teils schüchtern die Bauern die Bevölkerung mit ihren schweren Traktoren ein, teils nutzen sie ihren traditionellen Sympathie-Bonus. Auf die Klimaaktivisten reagiert die Gesellschaft dagegen gereizt, weil sie verdrängt, dass sie sich deutlich ändern muss.

Das Grundgesetz

Inzwischen prüfen Staatsanwaltschaften sogar, ob die Letzte Generation eine sogenannte kriminelle Vereinigung ist. Doch dafür müsste sie aus juristischer Sicht schwere Verbrechen begehen. Die »Hells Angels« etwa haben sich den Status einer kriminellen Organisation mit Zwangsprostitution und Schutzgelderpressung verdient. Für den Klimaprotest spricht dagegen, dass auch das Bundesverfassungsgericht auf entschiedenerem Klimaschutz insistiert hat. Ausdrücklich verpflichtet das Grundgesetz die Politik zum Schutz der »natürlichen Lebensgrundlagen« künftiger Generationen (Art. 20a). Man wird der Letzten Generation nicht gerecht, erkennt man nicht an, dass der Klimaschutz sich an dieser Entscheidung messen lassen muss. Gemäß dem Urteil des Bundesverfassungsgerichts möchte die Ampelregierung zwar die Klima-Erhitzung nun auf 1,5 bis 2 Grad gegenüber dem vorindustriellen Niveau begrenzen, wie 2015 im Pariser Abkommen beschlossen. Doch der Expertenrat der Bundesregierung hat 2024 kritisiert, dass Deutschland das Etappenziel einer deutlichen Senkung der Emissionen bis 2030 wohl verfehlen wird.[111]

Die Klimawissenschaft

Doch selbst wenn sich die Weltgemeinschaft an die Pariser Maßnahmen hält, kann die Erwärmung sogenannte Kipp-Punkte erreichen, und dann vollzieht sich die Erwärmung nicht mehr gleichmäßig-linear, sondern gewinnt dramatisch an Fahrt. Bislang wird die voranschreitende Erhitzung noch gemildert, da etwa Eisflächen die Sonnenstrahlen reflektieren. Doch da mit den Eisflächen auch ihre positive Wirkung aufs Klima abnimmt, beschleunigt sich die Erhitzung.

Ob wir bei der Eisschmelze in Grönland die kritische Marke bereits überschritten haben, ist nicht klar.[112] Die Zerstörung der Permafrostböden, der Wälder und des antarktischen Eisschildes dürfte erst etwas danach einen ähnlich dramatischen Punkt erreichen, und etwa 16 Kipp-Punkte sind bekannt.[113] Aber eine Erhitzung um 1,5 Grad bringt uns mehreren Kipp-Punkten zumindest gefährlich nahe. Das hatte man aber beim Pariser Abkommen noch nicht einkalkuliert! Viele Klimawissenschaftler meinen schon länger, dass die Erhitzung trotz der Pariser Maßnahmen etwa 3 Grad betragen werde.[114] Das ist aber noch nicht beim Bundesverfassungsgericht und der Bundesregierung angekommen, die noch mit Paris 1,5 oder 2 Grad anstreben. Auch wenn die Menschheit mit der Klimakrise nicht ausstirbt, bedeutet etwa ein Grad Unterschied viel zusätzliches Leid. So veröffentlichte die renommierte Wissenschaftszeitschrift »Nature« einen Aufruf von Forschenden zum gewaltfreien zivilen Ungehorsam.[115] Sie rufen dazu auf, Banken gewaltfrei zu blockieren, die in fossile Brennstoffe investieren, etwa die Deutsche Bank.[116]

Schöpfungstheologie

Wer nach Kernanliegen des Christentums fragt, kann den Klimaschutz nicht bloß für optional halten. Zwar sollte man weder den Klimaschutz mit einer kitschigen Schöpfungstheologie begründen, wie etwa in der Enzyklika »Laudato sí«, noch die Botschaft der Kirchen auf den Umweltschutz reduzieren.[117] Auch der erste Schöpfungsbericht der Bibel kennt etwa chaotische oder destruktive Elemente in der Natur. Sie werden dort etwa mit den Symbolen der Wassermassen oder der Nacht ausgedrückt. Auch trotz des chaotischen Aspekts ist die Natur fruchtbar und ermöglicht Leben, und so nennt Genesis 1–2 diese Schöpfung »sehr gut«. Für diese Schöpfung danken und loben die biblischen Texte Gott.

Die Schöpfung zu »erhalten« liegt zwar nicht in unserer Macht, wohl aber, sie nicht zu einem feindlichen Lebensraum zu machen, in dem die Chaosmächte überhand nehmen. Auch in Deutschland nehmen Überschwemmungen, Sturmfluten, Dürren und Waldbrände deutlich zu, und Agrarerträge schrumpfen. Die Medizin stellt negative Auswirkungen auf Atemwegserkrankungen und Schwangerschaften fest. Infektionskrankheiten dringen in neue Regionen vor. Die Anzahl der Todesopfer durch Hitze hat in Europa in 20 Jahren um 30 Prozent zugenommen, und in unseren alternden Gesellschaften wird sich die Lage noch verschärfen.[118] Ärmere Länder des Südens schaden dem Klima deutlich weniger als Deutschland, doch die Menschen dort sind von der Klimakrise überproportional betroffen. Wohlhabende Menschen können sich aber besser auf die schweren Lebensumstände einstellen als Arme.

Fazit und Ausblick

Deutschland zählt zu den wenigen Nationen, die historisch und pro Kopf relativ viel Treibhausgas emittieren. Da kann man Aktionen nicht schlechterdings verurteilen, die die Empörung auf ungewöhnliche Weise in den Medien sichtbar macht. Eine Verkehrskreuzung zu blockieren, ist aber problematisch. Zwar imponiert mir die offene Wehrlosigkeit derer, die sich festkleben, doch wenn dabei ein Krankenwagen steckenbleibt, kann schwerer Schaden entstehen. Außerdem bringt man so die einfachen Bürger:innen gegen den Klimaschutz auf, da sie sich vorstellen, selbst im Stau zu stehen. Die Störaktionen erscheinen dann als arrogant, und der Protest lenkt vom Klimaschutz ab. Die Blockade von Flughäfen ist wohl ähnlich zu beurteilen. Die Deutschen messen außerdem den disruptiven Protest der Linken und der Rechten mit zweierlei Maß, das muss man einkalkulieren.

Es kann im Sinn unserer Verfassung sein, dass Aktivisten um des Rechtes willen vorübergehend gegen geltendes Recht verstoßen. Denn auch Recht und Politik sollen dem Leben dienen, das die Klimakrise dagegen bedroht. Die christliche Ethik sollte zwar manche Protestformen verurteilen, doch Vorrang hat es, gute Formen bürgerschaftlichen Engagements zu finden. Manche Protestformen sind zwar abzulehnen, doch eine Verschärfung der Strafen für Klimaaktivisten ist nicht angezeigt. Gerade Christinnen und Christen sollten sie nicht vorschnell verurteilen. Kirchen sollen zuerst zusehen, dass sie ihre eigenen Gebäude klimaeffizient betreiben.[119] Dann sollten sie sich auf Weisen für den Klimaschutz anregen lassen, die besser sind als das Blockieren von Kreuzungen.

Dass Aktivistinnen eine Diskussionsveranstaltung mit Regierungspolitikern stören, kann man kritisieren, doch so etwas muss eine Demokratie verkraften können. Auch Farbschmierereien, die keinen dauerhaften Schaden anrichten, halte ich im Grenzfall für tolerierbar. Dass Aktivisten dafür bestraft werden, müssen sie allerdings in Kauf nehmen. Zu empfehlen wäre dagegen Protest, der sich klarer gegen die Finanziers und die großen Profiteure der Klimakrise richtet, aber keinen rechtswidrigen Schaden anrichtet. Gutheißen würde ich einen Protest, der nicht kaputtmacht, sondern kreativ zum Nachdenken anregt – z.B. über die Geldanlage bei Banken, die in die fossilen Industrien investieren. Außerdem ist auch die ältere Generation gefragt. Sie könnte sich etwa von den »Klimaseniorinnen« inspirieren lassen, die die Schweiz erfolgreich wegen mangelnden Engagements vor dem Europäischen Gerichtshof für Menschenrechte verklagt haben. Wenn wir uns nicht für's Klima einsetzen, klingt auch die Verkündigung des Evangeliums halbherzig – gerade für diejenigen, denen die Klimakrise Angst macht.

Literatur

Pierre Bühler, Die Spannung zwischen Legalität und Legitimität. Eine heilsame Herausforderung, asile.ch, 8.1.2019, https://epov.short.gy/UvOkCB • Hans-Richard Reuter, Klimaprotest als ziviler Ungehorsam – liberal oder radikal?, in: Zeitschrift für Evangelische Ethik 67 (2023), 165–170. • Andreas Braune (Hg.), Ziviler Ungehorsam. Texte von Thoreau bis Occupy, Stuttgart 2017. • Christian Stöcker, Männer, die die Welt verbrennen. Der entscheidende Kampf um die Zukunft der Menschheit, Berlin 2024.

Fleisch essen oder nicht?

Vor etwa 10 Jahren forderten Die Grünen einen wöchentlichen vegetarischen Tag in öffentlichen Kantinen. Prompt reagierte die Bild-Zeitung mit der Schlagzeile: »Die Grünen wollen uns das Fleisch verbieten!« Sowohl auf Seiten derer, die Fleisch essen, als auch derer, die das kritisieren, können die Emotionen hochkochen. Für manche bedeutet Fleisch nicht nur Geschmack, sondern auch elementares Wohlbefinden. Dagegen stehen anderen grauenhafte Bilder aus der Massentierhaltung vor Augen.

Fleisch essen: die Bibel und die Realität von heute

Das Fleisch-Essen ist eine sehr alte Frage auch der religiösen Moral. Das erste Buch Mose stellt sich die vom Schöpfer auf Erden intendierte Ordnung so vor, dass Menschen im Einvernehmen mit der Schöpfung vegan leben (1. Mose 1,29). Erst nachdem die Gewalt auf Erden überhandgenommen hat, gesteht der Schöpfer den Menschen in einer Art Realpolitik den Fleischverzehr zu (1. Mose 9,3). Industrielle Massentierhaltung war den Autoren dieser Texte natürlich noch unbekannt. Außerdem war das Angebot an proteinhaltigen Bohnen, Hülsenfrüchten und Gemüse im Alten Israel viel geringer als heute, und man kannte weder Kartoffeln noch Reis. Wenn man es sich leisten konnte, war Fleischverzehr die naheliegende Option. Unterdessen erscheint ein universaler Frieden zwischen Mensch und Tier als Hoffnung auf eine Heilszeit, die fast zu schön scheint, um wahr zu sein (Jes. 11,6–9).

Die Argumente gegen gewohnheitsmäßiges, unkritisches Fleisch-Essen sind bekannt. Tiere werden oft unter erbärmlichsten Bedingungen gehalten. Das Tierfutter, mit dem sie großgezogen werden, beansprucht den Großteil der weltweiten Agrarflächen[120], doch Tierprodukte decken nur einen kleinen Teil des weltweiten Protein- und Kalorienbedarfs. Zudem werden unschuldige Tiere ohne Not getötet. In den deutschen Schlachtereien geschieht das oft durch osteuropäische Kräfte, die für sehr harte Arbeit nur wenig Geld erhalten. Außerdem ist diese ineffiziente Ernährungsweise für einen sehr beträchtlichen Teil der menschengemachten Treibhausgase verantwortlich – je nach Rechenweise bis zu 51 Prozent. Angesichts dieser Verhältnisse kann man sich nicht mehr unkritisch auf die Erlaubnis zum Fleischverzehr in 1. Mose 9 berufen.

Flexitarisch essen – weniger Fleisch, aber bewusst?

Es beschrieben sich 10 Prozent der Deutschen 2023 als vegetarisch, 2 Prozent als vegan, und 46 Prozent bezeichneten sich als flexitarisch. Noch mehr Deutsche, nämlich 77 Prozent, halten es für den Klimaschutz für wichtig, dass man weniger Fleisch isst.[121] Die Deutschen schätzten 2022, dass sie pro Woche 640 g Fleisch essen, doch die tatsächliche Menge betrug über 1 kg.[122] Außerdem gab eine Mehrheit der Deutschen 2022 und 2024 in repräsentativen Umfragen an, sie sei bereit, mehr zu zahlen für Fleisch aus besserer Tierhaltung. Doch entsprechende Angebote des Handels werden im Vergleich weniger genutzt. Auch im Umgang mit der Wahrheit sind viele Deutsche Flexitarier:

Viele geben fälschlich an, dass sie den Fleischkonsum einschränken, und außerdem kaufen sie häufiger Billigfleisch, als sie angeben. »Viele von uns lügen sich in die Tasche«, schreibt eine Journalistin.[123]

Unser Verhältnis zum Fleisch ist insgesamt emotional und weniger rational. Wir sind kulturell geprägt, Fleisch als Antwort auf elementare Bedürfnisse zu verstehen. Ein Kulturanthropologe illustriert das so: Auf dem Weg zur Kantine nehmen wir uns vor, zum Salatteller zu greifen, doch sobald wir die Gerichte tatsächlich vor uns sehen, wählen wir kurzentschlossen das Fleischgericht.[124] Es mag melodramatisch klingen, aber das erinnert mich an Römer 7,19: »das Gute, das ich will, das tue ich nicht; sondern das Böse, das ich nicht will, das tue ich.«

Vegetarisch oder flexitarisch?

Ist Fleisch zu essen tatsächlich das – böse? Sollten wir alle Vegetarier:innen sein? Ich glaube nicht. Ich halte es für unrealistisch, dass wir im vollen Sinne im Einklang mit der Natur leben können. Ich selbst esse zwar kein Fleisch, trinke aber Milch und esse Eier, und damit bin auch ich mitverantwortlich dafür, dass Kühe gewaltsam von ihren Kälbchen getrennt werden und Legebetriebe männliche Küken schreddern. Doch zum veganen Leben kann ich mich nicht durchringen. In der Evolution des Lebens ist Leid allen Spezies tief eingeschrieben, und der längste Schöpfungstext der Bibel, Hiob 38–41, konstatiert nüchtern Gewalt in der Tierwelt (Hiob 39,26–30). Angesichts dessen scheint mir der Unterschied zwischen einem Vegetarier und einer, die tatsächlich, mit Disziplin, ihren Fleischkonsum reduziert und auf höherwertiges Fleisch achtet, nicht grundlegend und entscheidend. Hinzu kommt, dass Restaurants in verschiedenen Regionen Deutschlands oft keine ansprechende Auswahl vegetarischer Gerichte anbieten. Vermeiden sollte man aber zumindest Rindfleisch: Für die gleiche Menge an Protein verursacht es 6,5 Mal so viel Treibhausgasemissionen wie Schwein und 10 Mal so viel wie Hühnchen.[125]

In der Frage »Fleisch essen oder nicht?« finde ich es schlicht einfacher, konsequent auf Fleisch zu verzichten. Dann brauche ich außer Haus nicht stets abzuwägen, wie viel Fleisch ich tatsächlich esse und ob es aus nachhaltiger Produktion stammt. So oder so befindet sich die deutsche Gesellschaft in einem Übergang. Ich hoffe, dass es für jüngere Generationen immer weniger selbstverständlich ist, mit Fleisch aufzuwachsen. Dann dürfte sich auch in der Breite unsere emotionale Einstellung zum Fleisch ändern, so dass wir es nicht mehr instinktiv für die befriedigendere Option halten. Würde diese Entwicklung nur schneller gehen! Hier ist aber mehr Ehrlichkeit von den Flexitariern gefragt. Ist diese Form der Ernährung noch realistisch für mich oder mache ich mir etwas vor? Falls das zweite: Nehmen wir wieder ernster, dass der Fleischverzehr eine der ganz alten, ernsten Fragen der religiösen Traditionen ist.

Literatur

BUNDESZENTRALE FÜR POLITISCHE BILDUNG, Aus Politik und Zeitgeschichte – Der Podcast 8: »Fleisch«, 1.6.2022, https://epov.short.gy/GNCadJ. • KATRIN BEDERNA, Ernährung, in: HENRIK SIMOJOKI, MARTIN ROTHGANGEL und ULRICH H. J. KÖRTNER (Hg.), Ethische Kernthemen. Lebensweltlich – theologisch-ethisch – didaktisch, 3. Aufl., Göttingen 2022, 131–142.

KAPITEL V

DIE ROLLE DER KIRCHEN IN EINER »POST-CHRISTLICHEN« GESELLSCHAFT

Sollen Kirchen AfD-Mitgliedern *die Ehrenämter verweigern?*

Seit Januar 2024 kam es in ganz Deutschland immer wieder zu Demonstrationen gegen die AfD. In der Geschichte der Bundesrepublik gibt es keine andere Protestbewegung, in der in einem relativ kurzen Zeitraum so viele Menschen auf die Straße gegangen sind.[126] Auslöser war die Reportage über das AfD-Treffen zur Vertreibung von Menschen mit Migrationshintergrund. Andererseits sind die Demonstrierenden nicht unbedingt repräsentativ für die breite Bevölkerung – tendenziell zählen sie sich zur oberen Mittelschicht und stehen politisch eher links.[127] Unterdessen erfährt die AfD nach wie vor hohe Zustimmungswerte. Die Mitgliederzahl ist zuletzt von 30.000 auf 48.000 angestiegen.

Deutschlands katholische Bischöfe haben die Wahl der AfD für unvereinbar mit dem christlichen Glauben erklärt. Meiner Meinung nach stellt sich angesichts der letzten Entwicklungen die Frage: Sollen die evangelischen Kirchen Mitgliedern der AfD das Ehrenamt verweigern? In einem früheren Beitrag habe ich diese Frage verneint. Die Menge derer, die protestieren, bedeutet nicht, dass jegliche Maßnahmen gegen die AfD gerechtfertigt sind. Zweifellos müssen Christinnen und Christen deutliche politische

Meinungsunterschiede in der Kirche aushalten. Doch tragen nun die Enthüllungen und die Proteste gegen die AfD etwas Neues zur Frage bei, ob man AfDlern das Ehrenamt verweigern soll?

Das Verhältnis der AfD zu den Kirchen

Die AfD betont oft, das »christliche Erbe« sei ihr politisch wichtig. Doch das gehört für sie kulturell zum Deutschsein. Die Mehrheit der AfD-Abgeordneten bezeichnet sich dagegen als nicht-religiös, und viele hegen anti-religiöse Überzeugungen. Ebenso schneidet die AfD unter evangelischen und katholischen Christen schlechter ab als bei den Konfessionslosen. Wenn die AfD einen christlichen Ton anschlägt, geht es ihr viel mehr um kulturelle Christentümelei (z.B. in Architektur und Brauchtum) als um Glaube, religiöse Praxis oder Theologie. Das gilt weniger für die Vorstandsmitglieder des Verbands »Christen in der AfD«, deren Einfluss in der Partei jedoch schwindet. Dennoch mag es unter den AfD-Mitgliedern einige geben, die in einer evangelischen Kirche ein Ehrenamt bekleiden.

Weshalb die AfD abzulehnen ist

Die katholischen Bischöfe haben erklärt, dass das Christsein die Unterstützung der AfD ausschließt.[128] »Jeder Mensch besitzt eine unantastbare und unverfügbare Würde. Sie gründet in der Gottebenbildlichkeit aller Menschen und ist die Basis der Menschenrechte.« Aufgrund der Menschenwürde müssen wir die deutsche Gesellschaft als eine »Gemeinschaft der Gleichberechtigten« verstehen. Die AfD zielt dagegen auf Ausgrenzung. Für sie gebe die Abstammung an, wer in Deutschland dazugehört. Die Vorsitzende des Rates der EKD, Kirsten Fehrs, hat sich dieser Erklärung angeschlossen: »Völkisch-nationale Gesinnungen sowie menschenverachtende Haltungen und Äußerungen« nennt sie »mit den Grundsätzen des christlichen Glaubens in keiner Weise vereinbar«.

Die Bischöfin und die Bischöfe haben Recht. Leider drücken sie sich ein bisschen farblos aus. Immerhin schreiben die Bischöfe direkt: »Leisten wir alle Widerstand, wenn Menschenwürde und Menschenrechte in Gefahr geraten!« Aber klarer und griffiger fände ich es, außerdem auch die traditionelle Sprache des Glaubens zu aktivieren: Die AfD zu unterstützen, ist Sünde.

Kirchenmitgliedschaft und Ehrenamt

Die katholischen Bischöfe meinen zwar, die AfD sei für Christen »nicht wählbar«, und Mitarbeitende dürfen sich nicht extremistisch äußern. Doch das bedeutet noch nicht, dass die AfD-Mitgliedschaft mit dem Ehrenamt in der katholischen Kirche unverträglich ist. Hier unterscheidet die katholische Kirche präzise. Denn sie kennt ja außerdem das Instrument der Exkommunikation (wie sie in der katholischen Kirche etwa eine Abtreibung nach sich zieht). Wenn die AfD-Mitgliedschaft vom Ehrenamt ausschließen würde, weshalb dann nicht auch aus der praktizierten Gemeinschaft der katholischen Kirche? Das wäre aber die härteste Strafe. Deshalb müssen die Katholiken hier differenzieren, um nicht übers Ziel hinauszuschießen. So sagen die Bischöfe, der Rechtsextremismus dominiere zwar in der AfD, doch es gebe dort auch einen rechtspopulistischen Rand, der nicht unbedingt extremistisch ist. Mit einem Ausschluss der Mitglieder vom Ehrenamt würde man auch die vermeintlich gemäßigte Minderheit treffen, der dann auch noch ein weiterreichender Ausschluss drohen könnte.

Die evangelische Kirche verbindet eigentlich die allgemeine Möglichkeit, ein kirchliches Amt zu bekleiden, direkt mit der Kirchenmitgliedschaft. Denn evangelische Amtsinhaber müssen sich nicht durch eine besondere, heilige Lebensführung (Zölibat etc.) vom kirchlichen »Fußvolk« abheben. Der Ausschluss aus der Gemeinschaft aber wäre die »nuclear option«, für die es außerordentlich starke Gründe bräuchte, stärkere Gründe als in der katholischen Kirche. Typisch evangelisch ist nämlich, dass die Rechtfertigung aus Glauben das einzige entscheidende Merkmal aller Christinnen und Christen ist. Die hängt aber nicht vom äußeren Verhalten ab: Maßgeblich ist allein Gottes Gnade ohne menschliche Werke. Also: Wie steht es mit einem Ausschluss von AfD-Mitgliedern aus dem Ehrenamt?

Keine pauschale Exkommunikation

Dietrich Bonhoeffer hatte 1933 argumentiert, dass eine Kirche, die Judenchristen von kirchlichen Ämtern ausschließt, keine Kirche mehr ist. Genau das taten Vertreter der nationalsozialistischen Kirchenpartei, und so konnte Bonhoeffer mit ihnen nicht mehr in einer Kirche sein. AfDler kann man aber nicht mit Nazis gleichsetzen – auch wenn Christen mit der AfD nichts zu schaffen haben sollen. Bonhoeffer selbst betonte noch in einem Aufsatz von 1936, dass eine Kirche sich sehr hüten muss, vorschnell Menschen auszugrenzen.[129] Entscheidend für die wahre Kirche muss laut Bonhoeffer stets der positive Hinweis auf

Gott selbst sein und nicht darauf, was Menschen tun oder wer sie sind. Menschliches Handeln zum Kriterium des Christseins zu erheben, könne aber bedeuten, menschliche Leistungen und Eigenschaften an die Stelle von Gottes freier Gnade zu stellen.

Das bedeutet aber auch: Da in der evangelischen Kirche stärkere theologische Gründe gegen den Ausschluss aus der Gemeinschaft sprechen als in der katholischen, ist es der evangelischen Kirche zugleich möglich, beim Ehrenamt auf größere Klarheit zu pochen und im Grenzfall striktere Maßstäbe anzulegen, ohne gleich Mitglieder auszuschließen. Hier können wir klarer zwischen der Mitgliedschaft und der Möglichkeit des Ehrenamtes differenzieren.

Vertreibungen

Gelernt haben wir 2024, dass die AfD Menschen gezielt deportieren möchte, die sie nicht für ausreichend »assimiliert« hält. Menschen, die bereits einen deutschen Pass haben, müsse man durch »maßgeschneiderte Gesetze« diskriminieren, bis sie fliehen. Das widerspricht Art. 3 Grundgesetz, laut dem niemand etwa wegen der Abstammung, Sprache, Heimat, Herkunft oder dem Glauben benachteiligt werden darf. Laut AfD soll der Schutz des Grundgesetzes also nicht mehr für unliebsame Personen gelten, und der Druck zur Auswanderung kommt letztlich dem Wegnehmen des deutschen Passes gleich. Diese AfD-Vertreibungspläne waren der Auslöser für die Proteste. In den hier maßgeblichen Gesichtspunkten hat auch ein Gericht die Aussagen der Journalisten über das Treffen zum Thema Diskriminierung und Vertreibung aufrechterhalten.

Die AfD-Pläne zu Deportation, Diskriminierung und Vertreibung sind brandgefährlich. Das Potsdamer Treffen mit der Wannseekonferenz zu vergleichen, ist zwar übertrieben. Ein anderer Nazi-Vergleich ist aber nicht ganz von der Hand zu weisen: In den Nürnberger »Rassegesetzen« von 1935 entzogen die Nazis jüdischen Bürgerinnen und Bürgern pauschal die deutsche Staatsbürgerschaft. Entscheidend ist: In der Demokratie bestimmt das Volk, wer die Regierungsgewalt innehat; im autoritären Staat bestimmt dagegen die Regierung, wer zum Volk gehört.

Mit Beginn der Massenproteste gegen die AfD hat die Partei natürlich Kreide gefressen und meint scheinheilig, sie wolle keineswegs deutsche Bürgerinnen und Bürger vertreiben. Für solche Maßnahmen argumentierte jedoch Martin Sellner auf dem Treffen, und das nicht zum ersten Mal.[130] Dass die AfD etwas so Explosives nicht einfach ins Parteiprogramm schreibt, ist natürlich klar. Doch noch an demselben Tag, als von einem vertraulichen Treffen von AfDlern und anderen Rechtsextremisten zum Thema Deportationen berichtet wurde, rief AfD-Chefin Alice Weidel dazu auf, die »Hürden zum Entzug der Staatsbürgerschaft« zu »senken«. Sie will »Kriminellen, Gefährdern, Terroristen« die Staatsbürgerschaft wegnehmen.[131] Das widerspricht dem Grundgesetz und ist auch in seiner Vagheit besonders bedrohlich. Kein Wunder, dass Weidels persönlicher Referent am Potsdamer Treffen teilgenommen hat, gemeinsam mit dem Co-Fraktionschef der AfD Sachsen-Anhalt.

Dass zum Beispiel auch Björn Höcke radikale Positionen zum Thema Vertreibung vertritt, ist bekannt. Andere ranghohe AfD-Politiker haben sogar noch einen draufgelegt und jetzt erst recht Pläne zu Ausweisungen bekräftigt.[132] Es ist die Rede von »Millionen« von Menschen, die das Land verlassen sollten. Dagegen beträgt die Zahl derer, die sich rechtlich nicht oder mutmaßlich nicht in Deutschland aufhalten dürfen, im Augenblick etwa 360.000. Und apropos Grundgesetz: Manche AfD-Politiker lehnen das Prinzip der Rechtsstaatlichkeit rundweg ab. Einer schreibt in seinem Buch: Die Politik als Sachwalter des Staates müsse nicht der Auslegung der Verfassung folgen, sondern umgekehrt.[133] Damit untergräbt er den Grundsatz, dass die staatliche Gewalt durch Grundrechte eingeschränkt wird. Er war als AfD-Spitzenkandidat bei der Europawahl 2024 erfolgreich.

Zwischenfazit

Dass alle, die der AfD angehören, Rechtsextremisten seien und Vertreibungen gutheißen würden, kann man genau genommen nicht belegen, solange so etwas nicht im Parteiprogramm steht. Aber der Verfassungsschutz darf die Bundespartei als rechtsextremistischen Verdachtsfall behandeln. Einige Landesverbände und die AfD-Jugendorganisation hat er sogar für extremistisch erklärt. Dafür, dass die Deportationspläne breitere Zustimmung in der Partei erfahren, gibt es deutliche Belege. Angesichts von millionenstarken Demonstrationen können AfD-Mitglieder der Frage jetzt nicht mehr ausweichen, ob sie die Pläne mittragen. Doch man hört nichts von vermeintlich moderaten AfDlern, die die bekannten Vertreibungspläne kritisieren würden. Also: Wer jetzt noch AfD-Mitglied ist, unterstützt die Vertreibungspläne oder nimmt in Kauf, dass zumindest sehr einflussreiche Kreise in der Partei diese Pläne unterstützen.

Die theologische Relevanz von Deportationen

Zwar kann man AfDler nicht pauschal als Nazis bezeichnen. Doch die AfD steht bestimmten Nazi-Verbrechen näher, als ich dachte. Bei einer willkürlichen Entrechtung von deutschen Staatsangehörigen schrillen die Alarmglocken. Aus christlicher Perspektive besteht eine Parallele (eine Ähnlichkeit trotz Unterschieden) zwischen der Rechtsstaatlichkeit im politischen Bereich und der Bejahung des Geschöpfes in Jesus Christus. Gott spricht dem Menschen Recht und Würde zu, und der Staat schützt Staatsbürgerinnen und -bürger vor Unrecht. In völkisch-nationalistischer Willkür den deutschen Pass Menschen wegzunehmen, die ihn bereits haben, ist ein Widerspruch dagegen, dass Gott den Menschen in Jesus Christus annimmt.

Zugespitzt gesagt: Was wäre, wenn Jesus heute in Deutschland lebte? Ein Jude aus dem Nahen Osten ohne festen Wohnsitz, der mit seiner »Bande« provokant auftritt! Die AfD würde ihm am liebsten den deutschen Pass wegnehmen und ihn vertreiben. Wie Björn Höcke sagt: mit »wohltemperierter Grausamkeit«.

Ausschluss vom Ehrenamt

Wer Mitglied der AfD ist, der unterstützt eine einflussreiche Partei, in der führende Kreise Diskriminierungs- und Vertreibungspläne schmieden, die schon jetzt vielen Deutschen und Migranten Angst um ihre persönliche Zukunft machen. So jemand kann die evangelische Kirche nicht repräsentieren. Wenn Jesus in Deutschland leben würde, wäre auch er vor der AfD nicht sicher. Ich bin dafür, die Möglichkeit des kirchlichen Ehrenamts von der Kirchenmitgliedschaft abzukoppeln, weil die Vertreibungspläne der AfD und ihre Ablehnung des Grundgesetzes auch aus theologischer Sicht sehr schwer wiegen. Deshalb sollten evangelische Kirchen die rechtliche Möglichkeit schaffen, AfD-Mitglieder in Zukunft von kirchlichen Ehrenämtern auszuschließen.

Literatur

HENDRIK CREMER, Je länger wir schweigen, desto mehr Mut werden wir brauchen. Wie gefährlich die AfD wirklich ist, Berlin/München 2024. • TOBIAS CREMER, The Godless Crusade. Religion, Populism and Right-Wing Identity Politics in the West, Cambridge 2023. • ILONA NORD und THOMAS SCHLAG (Hg.), Die Kirchen und der Populismus. Interdisziplinäre Recherchen in Gesellschaft, Religion, Medien und Politik, Leipzig 2021. • LIANE BEDNARZ, Die Angstprediger. Wie rechte Christen Gesellschaft und Kirchen unterwandern, München 2018. • ARND HENZE, Kann Kirche Demokratie? Wir Protestanten im Stresstest, Freiburg u.a. 2019.

Sollen Staat und Kirche *schärfer getrennt werden?*

Die Bundesregierung möchte die sogenannten Staatsleistungen an die Kirchen abgelten – hunderte Millionen Euro, die der Staat jährlich an die großen Kirchen zahlt. Dabei handelt es sich nicht um die Kirchensteuer, die ja nur Mitglieder zahlen, sondern um Entschädigungen für historische Enteignungen kirchlicher Fürstentümer und kirchlichen Besitzes. Eine finanzielle Ablösung hatte schon die Weimarer Verfassung 1919 festgelegt.

Weil zugleich die Mitgliedszahlen der Kirchen deutlich sinken, ist das mit einer grundsätzlichen Diskussion des Verhältnisses zwischen Staat und Kirche in Deutschland verbunden. Oft heißt es, »die Trennung« zwischen Staat und Kirche müsse konsequent durchgeführt werden. Was ist an dieser Meinung dran?

Keine Staatskirche

Die Weimarer Reichsverfassung von 1919 hat unser heutiges Grundgesetz wesentlich mitbestimmt, wie sich auch bei den Staatsleistungen an die Kirchen zeigt. Sie legte erstmals fest, dass keine Staatskirche bestehe. Zuvor waren die regionalen Obrigkeiten – z.B. der Kaiser, der zugleich König von Preußen war – die obersten Bischöfe in ihren jeweiligen Gebieten. Die Möglichkeit, aus der Kirche auszutreten, war erst nach und nach geregelt worden, regional uneinheitlich und oft restriktiv. Kirchenaustritte waren eigentlich nicht vorgesehen. Für diese Neuregelung der traditionellen, staatskirchlichen Verhältnisse passt der Begriff der »Trennung« von Kirche und Staat.

Was gemeint ist, wenn man heute eine Trennung von Kirche und Staat verlangt, ist aber nicht klar. Weder die Weimarer Verfassung noch das Grundgesetz der Bundesrepublik verwenden den Begriff. Es ist noch nicht einmal ausdrücklich die Rede von einer weltanschaulichen Neutralität des Staates. Diese Formulierung ist zwar sinnvoll. Doch wenn humanistische Gruppen davon sprechen, die gegenwärtigen Beziehungen zwischen Staat und Kirchen widersprächen »der« Trennung von Staat und Kirche, die die Verfassung angeblich vorsehe, missverstehen sie das Grundgesetz.

Vorsicht Schwurbelgefahr

Wenn wir üblicherweise von einer »Trennung« von Kirche und Staat reden, ist daran zumindest so viel richtig, dass klare Missbräuche ausgeschlossen werden: Der Staat verpflichtet Bürger:innen oder Amtsträger:innen nicht auf irgendeine religiöse Einstellung, darf nicht diskriminieren und übernimmt keine Aufgaben der Kirchenleitung. Die Kirchen können nicht in der Politik mitbestimmen.

Dennoch ist der Begriff der »Trennung« von Kirche und Staat nicht hilfreich, weil er auf den ersten Blick so wirkt, als wäre damit eine strikte Minimierung der Zusammenarbeit gemeint. Bei näherem Hinsehen kann man den Begriff der Trennung aber ganz unterschiedlich verstehen. Liegt eine Trennung bereits vor, wenn besonders enge Verflechtungen gelöst sind, oder erst dann, wenn es gar keine Interaktion mehr gibt? Manche Ehepartner, die sich mit der Ehescheidung für eine »Trennung« entschließen, kooperieren zum Beispiel weiterhin aktiv in der Erziehung und Versorgung der Kinder.

Auch dann, wenn keine Staatskirche besteht, sind Formen der Kooperation von Kirche und Staat in zahlreichen Schattierungen denkbar. Hier ist der Begriff der Trennung problematisch, da er unklar ist. Man kann sich trennen und trotzdem in bestimmten Bereichen kooperieren, wie es gegenwärtig geschieht. Deshalb ist es auch wenig hilfreich, von einer »hinkenden Trennung« von Kirche und Staat in Deutschland zu sprechen. Anstatt so allgemein über das Verhältnis von Kirche und Staat im Ganzen zu sprechen, muss man jenseits der schwammigen Schlagworte auf spezifische Fragestellungen reinzoomen.

Kritik kirchlicher Privilegien

Oft zu hören ist auch, der Staat solle Religion strikt als Privatangelegenheit behandeln. Teilweise tut er das zum Glück: Niemand darf zu bestimmten religiösen Einstellungen gedrängt werden. Auch darüber hinaus darf laut Grundgesetz niemand aus religiösen Gründen benachteiligt werden – etwa so, dass Kandidaten und Kandidatinnen für öffentliche Ämter aufgrund religiöser Ansichten bevorzugt werden. Andererseits genießen die großen Kirchen in Deutschland bestimmte Vorrechte. Dazu zählt auch, dass staatliche Behörden in einem gewissen Rahmen den Kirchen eine Hoheit zugestehen und bestimmte Formen der Ermittlung und Strafverfolgung im kirchlichen Raum als deren innere Angelegenheiten betrachten. Was sexuelle

Gewalt und kirchliche Aufklärungsbemühungen angeht, war das ein schwerer Fehler. Ich selbst hatte das Ausmaß der Gewalt gerade in der evangelischen Kirche klar unterschätzt. Mit der Aufklärungsarbeit und Ahndung historischer Fälle sind die Kirchen bislang überfordert. Ob sich das in Zukunft bessert, muss sich noch zeigen.

Darüber hinaus räumen Politik und Gesellschaft den Kirchen bestimmte Privilegien ein: Sie sind in Rundfunkräten vertreten und erhalten Sendezeit auf ARD und ZDF, während jüdische und muslimische Angebote mit »ZDFinfo« oder dem Radio vorlieb nehmen müssen. Ein reguläres humanistisches Format gibt es im Öffentlich-Rechtlichen nicht. Auch werden Schulkinder oft zunächst zum konfessionellen Religionsunterricht an den Schulen eingeteilt. Beide Regelungen stammen aus der jungen Bundesrepublik, wo die Alliierten nicht-staatliche Akteure suchten, die den öffentlichen Raum mitgestalten und Hindernisse für mögliche totalitäre Bestrebungen der Politik aufbauen. Doch inzwischen suchen Eltern eine nicht-religiöse Alternative im Schulunterricht. Oft müssen sie Kinder erst gesondert zum Ethik- oder Philosophieunterricht anmelden.

Formen der Kooperation von Staat und Kirche

Es kann meiner Meinung nach sinnvoll sein, einzelne Vorrechte der Kirchen kritisch zu prüfen und etwa andere Gruppierungen in die Rundfunkräte aufzunehmen. Wenn sich weniger Menschen mit den Kirchen identifizieren, muss man die demokratischen Tendenzen in der Zivilgesellschaft anderweitig stärken. Doch sollte man die kirchlichen Vorrechte prinzipiell und rundweg kritisieren? Dass die Kirchen in der Öffentlichkeit Anerkennung erfahren, ist meines Erachtens sinnvoll, auch wenn man die Ausgestaltung im Einzelnen kritisch prüfen kann. Die Kirchen leisten etwas Wesentliches für die Gesellschaft, vergleichbare Gruppen in dem Sinne aber weniger. So war etwa zu lesen, wie ein kleiner Ort in Bayern und einer in Mecklenburg-Vorpommern zahlreiche Flüchtlinge aufnehmen sollten. Beide Male waren die Bürger:innen sehr besorgt. In Bach in Bayern hat die Unterbringung von 150 Geflüchteten schließlich funktioniert, während die Bürger:innen in Upahl im Nordosten auf die Barrikaden gingen. Zwar sind die beiden Orte wirtschaftlich nicht ganz vergleichbar. Doch über den bayerischen Ort hieß es außerdem: »Der zivilgesellschaftliche Rückhalt geht im Wesentlichen von der Kirche und von hilfsbereiten Frauen aus.«[134]

Menschen betrachten ihre Religion oft nicht als Privatsache, sondern bringen sich aufgrund ihrer religiösen Identität öffentlich ein und tragen konstruktiv zum gesellschaftlichen Leben bei. In Ostdeutschland dagegen ist der kirchliche Beitrag zum sozialen Gewebe vor Ort deutlich schwächer, aber auch auf seiten anderer Verbände. Deshalb finden etwa rechtsradikale Kreise dort teilweise ein Vakuum in der Zivilgesellschaft vor und können sich leichter entfalten.[135] Selbstverständlich neigen Nicht-Christen nicht als solche zum Rechtsextremismus! Doch wo kirchliche Gruppen nicht die soziale Nische besetzen, gibt es oft nur wenige vergleichbare Angebote humanistisch-säkularer Art oder anderer Religionen. Die gegenläufige Entwicklung von Kirchlichkeit und Rechtsextremismus ist für Ostdeutschland empirisch belegt.[136]

Unter den kirchlichen Angeboten gibt es neben genuin religiösen Veranstaltungen typischerweise nicht nur diakonische Angebote, etwa Seniorencafés oder in der

Flüchtlingsarbeit, sondern auch Formate, die nicht direkt missionarischer Art sind und auch für Menschen anderer religiöser Ansichten passen, etwa in Kirchenmusik oder Kinderarbeit. Vielerorts praktizieren kirchliche und nichtkirchliche Akteure pragmatisch eine fruchtbare Zusammenarbeit, die man nicht mit religionspolitischer Prinzipienreiterei untergraben sollte.[137] Auch über konkrete Veranstaltungen und karitatives Engagement hinaus erbringen christliche Kirchen einen Mehrwert für die Gesellschaft. Die Aktivitäten evangelischer Kirchen tragen in Deutschland zu einem erhöhten Sozialkapital bei, steigern also die Kooperation in der Gesellschaft. Ein Sozialwissenschaftler stellt fest: Die »protestantischen Glaubensinhalte ermutigen ein generalisiertes Vertrauen in die Mitbürger«.[138]

Die Frage, ob die Gesellschaft sich prinzipiell der Laizität verschreiben sollte, ist also nicht zu bejahen. Kirchen aber weitreichende und ausschließliche Privilegien unbesehen zuzugestehen, ist ebenfalls nicht sinnvoll. Wo andere Religionen und areligiöse weltanschauliche Initiativen auf vergleichbare Weisen zu einem toleranten, kooperativen Zusammenleben beitragen können, sind auch sie zu fördern. Es kommt auf die spezifische Form der sozialen Initiative im bestimmten Kontext an.

Körperschaften öffentlichen Rechts

Wer Religion nur als Privatsache betrachtet, greift dagegen zu kurz. Eine humanitäre, rechtsstaatliche Gesellschaft ist auf bürgerschaftliches Engagement angewiesen, das viele Menschen aber nicht leisten. Diejenigen Gruppen, die zum bürgerschaftlichen Engagement ermutigen, im Sinne von Humanität und Rechtsstaatlichkeit, können als Körperschaften öffentlichen Rechts anerkannt werden und gewisse Gegenleistungen erhalten. Der Status der Kirchen als solcher Körperschaften gehört in Deutschland zum öffentlichen Leben. Demgegenüber ist die Forderung, Religion strikt als Privatsache zu betrachten, nicht nur unhistorisch, sondern auch sozialwissenschaftlich und juristisch unterbelichtet.

Neben den großen Kirchen sind z.B. auch der kirchenkritische Humanistische Verband Deutschlands und andere Gruppen Körperschaften öffentlichen Rechts. Wenn es um den Beitrag der Verbände zur Zivilgesellschaft geht, sollten wir aus kirchlicher Sicht nicht die theologischen Differenzen hervorheben – so bedeutend sie sonst sind –, sondern die Gemeinsamkeiten im zivilgesellschaftlichen Engagement. Sobald andere Gruppen ähnlich breite Teile der Bevölkerung repräsentieren und praktisch dem Gemeinwohl verpflichtet sind, sollten sie gesellschaftliche Anerkennung erhalten, ähnlich wie es die Kirchen tun. Wertschätzung verdient aber auch die Tatsache, dass die großen Kirchen durch Studium und praktische Ausbildung großen Wert auf Selbstreflexion und politische Mäßigung des kirchlichen Personals legen. Wenn etwas dran sein sollte am Eindruck eines zunehmenden Rückzugs katholischer Priester aus der gesellschaftlichen Zusammenarbeit, in eine homogenere Binnenkirchlichkeit, ist das ein Grund zur Sorge.[139]

Fazit

Die Beziehungen zwischen Staat und Kirche sind ein schwieriges Feld, und viele Gesichtspunkte habe ich hier nicht behandelt – etwa den Klassiker Kirchensteuer. Dass die sogenannten Staatsleistungen an die Kirchen nun abgegolten werden sollen, hat 100 Jahre deutscher Verfassungsgeschichte für sich. Darüber hinaus profitieren die Kirchen noch auf andere Arten vom Staat. Da die Mitgliedszahlen der Kirchen deutlich sinken, ist es legitim, bestimmte Formen der staatlichen Unterstützung der Kirche zu debattieren. Ein Bereich, in dem die wohlwollende Zusammenarbeit mit dem Staat sogar geschadet hat, ist die staatliche Nicht-Einmischung in die Aufklärung sexualisierter Gewalt in den Kirchen. Zuerst zu bedenken sind hier natürlich die Opfer selbst, doch auch um ihrer eigenen Integrität willen sollten die Kirchen eine kritische staatliche Initiative begrüßen.

In der deutschen Zivilgesellschaft insgesamt sind die Kirchen aber nach wie vor große Player, mit deutlich mehr Mitgliedern als Gewerkschaften oder Parteien. In der Gestaltung der Gesellschaft sind sie sehr einflussreich. Kirchlich gebundene Menschen setzen z.B. dem Rechtsextremismus oft die Nächstenliebe entgegen. Ähnliches kirchliches Engagement ist auch im karitativen Bereich zu verzeichnen. In dieser Situation die Religion prinzipiell zur Privatsache zu erklären und die praktische Unterstützung für die Kirchen radikal zu kürzen, wäre ein Eigentor für alle, die dem humanitären Rechtsstaat verbunden sind. Auch sollte der unpräzise Begriff der Trennung von Kirche und Staat nicht im Sinne eines Abbruchs der Beziehungen verstanden werden. Andere Gruppen, etwa aus dem kirchenkritisch-humanistischen Bereich, könnten die Lücke, die dann entstünde, nicht annähernd schließen.

Literatur

Jan-Werner Müller, Was hält Demokratien zusammen?, in: Neue Zürcher Zeitung, 26.8.2017, https://epov.short.gy/yYooos. • Jan-Werner Müller, What the dictum really meant – and what it could mean for us, in: Constellations 25 (2018), 196–206. • Ulrike Spohn, Entprivatisierung der Religionen und Postsäkularismus. Von José Casanova bis Jürgen Habermas, in: Oliver Hidalgo und Christian Polke (Hg.), Staat und Religion. Zentrale Positionen zu einer Schlüsselfrage des politischen Denkens, Wiesbaden 2017, 397–413. • Bundeszentrale für politische Bildung, Aus Politik und Zeitgeschichte – der Podcast 23: »Kirche«, Sept. 2023, https://epov.short.gy/jylPwX.

Kann aus einer Kirche eine Moschee werden?

Die großen Kirchen in Deutschland werden sich in den kommenden Jahrzehnten von zahlreichen Gebäuden trennen müssen. Zuletzt hat sich der Austritt von Kirchenmitgliedern deutlich beschleunigt, und so werden die Kirchen nicht mehr in der Lage sein, ihre zahlreichen Gebäude zu unterhalten.[140] Neben Gemeindehäusern werden sie auch Tausende von Kirchen abgeben. Sollen evangelische Gemeinden die dauerhafte Nutzung von Kirchen als Moscheen ermöglichen, wenn sie ihr Gebäude nicht mehr halten können?

Gemeinden treten Kirchen ab

Schon in der Vergangenheit musste man Kirchen entwidmen. In Deutschland hat die katholische Kirche in den letzten Jahrzehnten etwa 500 Kirchen entweiht. Doch zu Moscheen hat man in Deutschland bislang fast keine Kirchen gemacht. Andererseits fragen muslimische Gemeinden immer wieder bei Kirchengemeinden an, ob sie die Kirche für einen Tag nutzen dürfen. In Zukunft aber wird es häufiger darum gehen, ob muslimische Gemeinden eine Kirche ganz übernehmen können.

Beispiel Al-Nour-Moschee in Hamburg: Sie war zuvor die evangelische Kapernaumkirche, wurde aber an einen Investor verkauft und stand acht Jahre lang leer, bis eine muslimische Gemeinde sie erwarb. Die Gemeinde erneuerte das Gebäude liebevoll und nutzt das Gebäude seit 2018 als Moschee. An der Stelle des Kreuzes ist auf dem Turm nun der arabische Schriftzug »Allah« (»Gott«) zu sehen. Zuvor musste die Gemeinde mit einer stillgelegten Parkgarage vorlieb nehmen – wie so viele Gemeinden, denen nur das wenig attraktive Gewerbegebiet übrigbleibt oder die eine sogenannte Hinterhofmoschee betreiben. Ein Kirchengebäude direkt an eine muslimische Gemeinde zu übergeben, ist einer evangelisch-landeskirchlichen Gemeinde aber bislang nicht möglich.

Geht so was?

Die Frage, ob Kirchen zu Moscheen werden können, ist sehr emotional und hat großes Aufregungspotential. Einen Muezzin-Ruf würde das wohl nicht beinhalten, zumindest keineswegs automatisch. Islamische Theologen meinen verschiedentlich, dass er nicht notwendig sei.

Aus Sicht der evangelischen Theologie ist der Kirchenraum oder der Altar (bzw. der Abendmahlstisch) nicht an sich heilig. Gott ist in einer Kirche an sich nicht intensiver gegenwärtig als an anderen Orten. Dennoch haben Kirchen einen hohen symbolischen Wert. Die EKD schreibt, es könnte der Eindruck entstehen, »die Christen würden vor dem Islam zurückweichen«. Das zeigt die Brisanz des Themas, obwohl die Mehrheitsverhältnisse in Deutschland andere sind. Viele Deutsche hegen Vorurteile gegenüber Muslimen, die einige auch zu Übergriffen motiviert.[141]

Muslimisches Leben in Deutschland

Der Eindruck eines Zurückweichens vor »dem Islam« zeugt von Verunsicherung, trügt aber. Vor allem neigt man in Deutschland dazu, die Zahl der Muslime zu überschätzen – etwa um das Dreifache! Das liegt auch an der Schnappatmung, mit der die Medien oft über »den« Islam berichten. Tatsächlich leben etwa 5,5 Millionen Muslime in Deutschland, machen also etwa 6,6 Prozent der deutschen Bevölkerung aus.

Aber wir liegen nicht nur falsch, was die Zahlen angeht, sondern auch, was »den« Islam angeht – also mit dem Eindruck, es handle sich um eine einheitliche Gruppe mit klarem Profil. So halten wir es für ein Erkennungsmerkmal der Muslime, dass Frauen ein Kopftuch tragen – aber etwa 70 Prozent der muslimischen Frauen in Deutschland tun das nicht.

Fast ein Fünftel der Muslime in Deutschland gibt an, gar nicht oder eher nicht gläubig zu sein.[142] Unter Menschen mit türkischem Migrationshintergrund – nach wie vor der größten muslimischen Gruppe in Deutschland – ist der Anteil derer gesunken, die sich als stark gläubig bezeichnen, von 41 Prozent (2008) auf 27 (2020). Von allen Muslimen mit Migrationshintergrund in Deutschland beten 40 Prozent täglich. Zum Freitagsgebet besucht etwa ein Drittel regelmäßig die Moschee; etwa 60 Prozent tun das selten oder nie. In Deutschland lassen also nicht nur im Christentum die Bindekräfte der traditionellen Religion nach, sondern auch unter Muslimen, wenn auch nicht so deutlich wie im Christentum.

Deutsche Moscheegemeinden in einer schwierigen Gemengelage

Ohnehin irrt sich, wer die Muslime in Deutschland besonders unter dem Vorzeichen der Bedrohung wahrnimmt. Etablierte Medien untergraben oft ein besseres Verständnis des deutschen Islam, indem sie mit »Koranbait« die Stereotype »Scharia« und »Djihad« bedienen. Zwar stellt der islamistische Terror in Deutschland eine Gefahr dar. Doch die vielen normalen Moschee-Besucher sind hier unverdächtig. Besorgniserregend sind außerdem antisemitische Ansichten unter deutschen Muslimen. Dennoch sind die Antisemiten in der Minderheit, während pauschale Verdächtigungen, etwa durch die »Bild«, antimuslimische Klischees bedienen.[143] Manche Muslime haben außerdem zuletzt ein autoritäres »Kalifat« gefordert. Das sollte man nicht übersehen, auch wenn unter alteingesessenen Deutschen Antisemitismus und Autoritarismus ebenfalls Anhänger finden.[144]

Besonders relevant ist aber, dass deutsche Muslime Opfer rechtsextremistischer Terrorgruppen werden. 2020 erschoss ein Deutscher beim Attentat von Hanau zehn Menschen, in der Mehrheit Muslime.[145] Die Terrorgruppe »NSU« ermordete acht türkischstämmige Bürger. Die Polizei hatte die Täter konsequent im Umfeld der Opfer gesucht, bis sie sich gewissermaßen selbst enttarnten. Sehr viel weniger Aufmerksamkeit erfährt die Tatsache, dass deutsche Moscheen seit Jahren Ziele von Angriffen werden, von Schmierereien bis hin zu Brandanschlägen. Ein Forschungsprojekt zählte 140 Übergriffe im Jahr 2021, doch die Dunkelziffer ist wesentlich höher.[146] Polizei und Medien interessieren sich oft nicht für die Vorfälle. Gegen

Muslime in Deutschland wurden 2023 insgesamt 1.926 Übergriffe registriert.[147]

Der deutsche Islam-Diskurs

Dieses Desinteresse von Polizei und Medien an antimuslimischem Rassismus passt dazu, dass 52 Prozent der Deutschen im Islam eine Bedrohung sehen.[148] Doch vertiefte Kenntnisse wirken Diskriminierung entgegen, und bereits die pauschale Rede von »dem Islam« ist irreführend. Diese ungeschickte Formulierung wählte etwa Christian Wulff, als er 2010 als Bundespräsident sagte, »der Islam gehört inzwischen auch zu Deutschland«. Hätte er stattdessen konkreter gesagt, »die Muslime, die hier leben«, gehören zu Deutschland, hätte er positivere Resonanz erhalten. Anders als die Angehörigen der christlichen Kirchen sind Muslime bei keiner religiösen Institution als Mitglieder gemeldet, und so ist der Begriff »der Islam« noch abstrakter und schwammiger als »das Christentum«.

In einer Studie, die die EKD vor sechs Jahren durchführte, befürworteten immerhin 63 Prozent der Deutschen eine Fortsetzung oder Verstärkung des Dialogs zwischen den Kirchen und den Muslimen in Deutschland. Die große Mehrheit der Befragten hält das Ziel des gesellschaftlichen Zusammenhalts für Grund genug, die gemeinsame Verständigung zu pflegen.

Was soll mit den Kirchengebäuden geschehen?

Wenn eine Kirche, die die Gemeinde abgestoßen hat, ungenutzt verfällt oder abgerissen wird, ist das schmerzlich. Wesentlich besser ist es natürlich, wenn aus einer ehemaligen Gemeindekirche eine Gemäldegalerie wird, eine Bibliothek, ein Kulturzentrum oder vielleicht auch ein Wohnheim für Studierende. Auch als Suppenküche könnte man sich eine Kirche gut vorstellen. Allein: Schon die bestehenden kulturellen und karitativen Einrichtungen kämpfen mit Kürzungen.

In Genua dagegen hat eine Geschäftsbank eine Filiale in einer aufgegebenen Kirche eingerichtet.[149] In Italien wurden Kirchen zu Nachtclubs, Diskotheken, Fitnessclubs und Parkhäusern, in den Niederlanden zu Kaufhäusern, in Christchurch (Neuseeland) zu einer Bar. Im Vergleich mit solchen Konsumtempeln gefällt mir die Al-Nour-Moschee in Hamburg ganz gut. Auch im Umfeld des Gebäudes findet die Moscheegemeinde Wertschätzung.[150]

Skeptisch bin ich nur bei dem »Allah«-Schriftzug, der auf dem hohen Kirchturm die umgebenden Gebäude überragt. Dennoch sollten Kirchen nicht meinen, es geht schon in Ordnung, das Gebäude stattdessen an irgendeinen Investor abzutreten, solange es nicht zur Moschee wird. Sollte es nicht auch Christen Eindruck machen, dass ihre Mitbürger:innen hier ihre Identität und Gemeinschaft pflegen und ein Gebäude nicht der schnöden Zwecklogik des Alltagsgeschäfts dient, sondern auf das Heilige hinweist? Moschee-Gemeinden sind außerdem oft karitativ tätig und leisten einen wichtigen Beitrag zur Integration von Flüchtlingen.

Chancen und Umstände eines Besitzerwechsels

Zu fragen wäre, ob die muslimische Gemeinde z.B. der Organisation DITIB angehört und ob sie sich vom türkischen Präsidenten Erdoğan politisch einspannen lässt.[151] Doch bei weitem die Mehrheit der Muslime in Deutschland ist mit keinem vergleichbaren Dachverband assoziiert. Die türkische DITIB finanziert nicht nur Imame in Deutschland, sondern gewinnt auch Zustimmung, weil sie Opfer von antimuslimischen Übergriffen unterstützt – oft im Gegensatz zu deutschen Behörden.

Auch sollte ein Verkauf an eine Gruppierung ausgeschlossen sein, die antisemitische Tendenzen zeigt oder nach einem »Kalifat« ruft. Bestimmte muslimisch-deutsche Milieus sind unter anderem auch deshalb für den Antisemitismus empfänglich, weil sie marginalisiert wurden und kaum Chancen erhielten, vom wenig attraktiven Grundstück im Gewerbegebiet buchstäblich in die Mitte der Gesellschaft zu rücken. Inzwischen werden Imame aber an deutschen Unis im Sinne eines nicht-fundamentalistischen Islam unterrichtet. Man kann schlecht mit den Rechtspopulisten »Parallelgesellschaften« beklagen und dann unverdächtigen Muslimen die Inklusion verweigern.[152]

Fazit und Ausblick

In den kommenden Jahrzehnten werden evangelische Gemeinden verstärkt Gebäude verkaufen müssen. Dabei wird sich verschiedentlich die Frage stellen, ob das Gebäude an eine muslimische Gemeinde gehen soll. In dieser sensiblen Angelegenheit ist Fingerspitzengefühl gefragt, weil christliche Kirchengebäude einen hohen Symbolwert haben. Eine Umwidmung in eine Moschee wird keineswegs zur Regel werden. Doch im Einzelfall stellen sich verschiedene Argumente gegen einen solchen Verkauf oft als fragwürdig heraus. Die Alternative, ein kommerzieller Verkauf an Investoren, scheint nahezuliegen, doch das ist oft nicht die bessere Lösung.

Wenn eine muslimische Gemeinde Interesse am Gebäude zeigt, sollten sich Kirchengemeinden bemühen, die Gesprächspartner besser kennenzulernen. Viele Moschee-Gemeinden verdienen größere nachbarschaftliche Solidarität. Die Berichterstattung über Muslime schürt dagegen oft Ressentiments. Sinnvoll wäre es dagegen zu fragen: Wie ernst nimmt die Gemeinde ihr karitatives Engagement? Gehört sie zu der Minderheit, die sich vor Erdoğans Karren spannen lässt, gibt es Beziehungen zu antisemitischen Gruppierungen? Oder ist der Blick dieser Gemeinde pragmatisch darauf gerichtet, die Menschen in ihrem Alltag als reguläre Mitglieder der deutschen Gesellschaft zu begleiten?

Wenn man die Frage diskutiert, ob aus einer Kirche eine Moschee werden kann, müsste man den christlich-muslimischen Dialog klarer diskutieren, als in diesem kurzen Beitrag geschehen. In einer Handreichung zum christlich-islamischen Dialog gibt die EKD etwa zu bedenken, dass die christliche Position einerseits klar auf die Verkündigung von Jesus Christus ausgerichtet sein soll. Andererseits heißt es aber auch: »Die Bibel nennt viele Beispiele, wie sich im Nächsten, im Anderen und im Fremden Gott den Menschen zeigt.«[153] Praktisch könnte das z.B. bedeuten, dass die christliche und die muslimische Gemeinde einen Vertrag schließen, mit dem das Gebäude zwar verkauft wird, aber die muslimische Gemeinde zumindest für einige Jahre darauf verzichtet, demonstrativ einen arabischen »Allah«-Schriftzug auf dem Turm anzubringen.

Literatur

MELINA BORČAK, Mekka hier, Mekka da. Wie wir über antimuslimischen Rassismus sprechen müssen, München 2023. • PETER ANTES und RAUF CEYLAN (Hg.), Muslime in Deutschland. Historische Bestandsaufnahme, aktuelle Entwicklungen und zukünftige Forschungsfragen, Wiesbaden 2017. • Zeitzeichen 24 (Feb. 2023): Islam in Europa: Die neue Vielfalt. • MARGIT ECKHOLT, HABIB EL MALLOUKI und GREGOR ETZELMÜLLER (Hg.), Religiöse Differenzen gestalten. Hermeneutische Grundlagen des christlich-muslimischen Gesprächs, Freiburg 2020. • STEFANIE LIEB, Sakralraumtransformation. Überlegungen zur Umnutzung von Kirchenbauten, in: Aus Politik und Zeitgeschichte 73, 39 (2023), 48–54.

KAPITEL VI

GLAUBE UND POLITIK

Was ist von der *EU-Asylreform zu halten?*

In der EU ist 2024 eine Verschärfung der Asylpolitik in Kraft getreten, die die Länder bis 2026 umsetzen müssen. Man will Geflüchtete an den Außengrenzen vorsortieren und manche durch ein Kurzverfahren leiten – um sie dann teilweise abzuweisen, noch bevor sie die EU betreten und einen regulären Asylantrag stellen können. Die Brisanz der neuen Regeln zeigte sich, als kurz nach dem ersten Beschluss der Innenminister:innen 2023 ein Boot mit hunderten Geflüchteten vor der griechischen Küste sank. Seit 2014 sind über 30.000 Flüchtlinge im Mittelmeer ertrunken. Dass die Überfahrt von Nordafrika nach Italien oder von der Türkei nach Griechenland äußerst gefährlich ist, ist bekannt – und doch versuchen es die Flüchtlinge. Ist der Versuch, unbegründete Asylgesuche schnell von den begründeten zu trennen, in einer solchen Situation realistisch?

Andererseits kann es ungerecht scheinen, die gelungene Überfahrt mit Wohlwollen zu belohnen – das wäre ein überproportionaler Vorteil für junge Menschen und Männer. Unter den Ankommenden sind Frauen und ältere Menschen unterrepräsentiert, da sie die Überfahrt seltener wagen oder schaffen. Befürworter der Reform meinen außerdem, die neue Regelung verhindert, dass diejenigen, die keinen echten Bedarf haben, mit den legitimen Flüchtlingen um Unterstützung konkurrieren. Ist es also vertretbar, manche Geflüchtete nach einem verkürzten Verfahren abzuweisen, ohne dass sie die EU betreten? Wird hier das humanitäre internationale Recht – die Europäische Menschenrechtskonvention – angetastet oder wird es auf lange Sicht sogar gestärkt?

Christinnen und Christen werden auch an die bekannte Bibelstelle Matthäus 25 denken. Dort spricht Jesus, der als König auf dem Thron sitzt, zu den Menschen auf seiner Rechten: »Ich bin ein Fremder gewesen und ihr habt mich aufgenommen ... Wahrlich, ich sage euch: Was ihr getan habt einem von diesen meinen geringsten Geschwistern, das habt ihr mir getan.« Immer wieder schildert auch das Alte Testament, wie sich die großen Glaubensgestalten selbst auf die Flucht begeben müssen.[154] Aber sollen wir alle dulden, die kommen? 2023 haben 1,1 Millionen Menschen in der EU Asyl beantragt, davon gut 330.000 in Deutschland. Der neue Kompromiss sieht auch eine Verteilung der Asylsuchenden in Europa vor. Mit möglicherweise 30.000 Asylsuchenden werden das im Verhältnis vermutlich nicht besonders viele sein. Doch da einzelne Länder schon jetzt protestieren, wird das im besten Fall nur mit großen Anstrengungen klappen.

Was die Asylreform besagt

Laut der neuen Regelung sollen nur die aus anerkannten Krisenregionen (z.B. Syrien, Sudan) die EU betreten, damit sie in den Staaten an der EU-Außengrenze regulär Asyl beantragen können. Andere haben aber schlechtere Aussichten – entweder, weil ihr Herkunftsland nicht klar als Krisenregion anerkannt ist (z.B. Pakistan, Albanien), oder weil sie sich zwischendurch in einem sogenannten sicheren Drittstaat (offiziell die Türkei) aufgehalten haben. Sie werden gar nicht erst reingelassen, sondern bleiben in Unterkünften an der Außengrenze. Sie können von dort aus einen Antrag stellen, über den dann innerhalb von zwölf Wochen entschieden werden soll.

Diejenigen, bei denen die Prüfungen realistische Aussichten auf Anerkennung ergibt, können dann im Ankunftsland den Asylantrag stellen – so, wie es das Dublin-Abkommen vorsah. Besonders Griechenland, Italien und Spanien werden darauf drängen, dass andere Länder in der Tat Asylbewerber:innen aufnehmen.

Inhaftierung der Flüchtlinge?

Kritiker werfen dem Vorhaben vor, dass Flüchtlinge nun inhaftiert werden sollen – noch dazu an den Außengrenzen, wo man schlecht überprüfen kann, ob EU-Recht tatsächlich eingehalten wird. Das gilt auch für Kinder, die mit ihren Eltern reisen. Wenn es sich tatsächlich um eine Haft handelt, ist das ein Verstoß gegen das internationale humanitäre Recht.

Die EU selbst hält zwar keine Flüchtlinge fest – soweit es an ihr liegt, können sie sich außerhalb Europas frei bewegen. Das ist aber unrealistisch. In ihrer Heimat sind sie oft nicht nur den Problemen ausgesetzt, vor denen sie geflohen sind, oft unter großen Gefahren. Durch ihre Flucht haben sie außerdem den Argwohn der heimischen Behörden auf sich gezogen. Hinzu kommt, dass die Herkunftsländer bzw. die Drittstaaten die Rücknahme der Geflüchteten blockieren, wie es etwa die Türkei tut. Der Aufenthalt in den Sammelzentren wäre zwar keine Haft im formaljuristischen Sinne, doch faktisch käme es dem für viele gleich. Dort stecken sie fest, da kein Land sie reinlässt.

Wir kennen die Bilder aus dem Elendslager Moria. Dabei sind viele Flüchtlinge von den Strapazen der Reise bereits traumatisiert.

Faire Verteilung?

Die Reform bekräftigt, dass die Ankunftsländer den Geflüchteten einen Asylantrag ermöglichen müssen, sofern das erste Auswahlverfahren für sie gut läuft. Damit die Länder an den EU-Außengrenzen nicht mit Geflüchteten überfordert sind, sollen die Binnenländer zusammen etwa 30.000 von ihnen aufnehmen. Doch das ist keine hohe Zahl, und wenn der Verteilungsmechanismus nicht funktioniert oder wenn die Situation in den Auffanglagern unzumutbar wird, könnten sich die Außenländer etwa über »Dublin« hinwegsetzen und die Fliehenden nach Deutschland durchwinken. Dann sind aber in Deutschland die Rufe zu erwarten, Fliehende wieder nach Italien und Griechenland abzuschieben.

Alle Rechtsmittel?

Landet jemand nach Prüfung der Lage im Sammelzentrum, sinken die Chancen, dass er oder sie Asyl erhält. Die EU-Menschenrechtskonvention sieht für Konfliktfälle eine Einzelfallprüfung vor, doch das dürfte innerhalb der vorgesehenen zwölf Wochen kaum möglich sein. Werden die Geflüchteten in den Lagern ausreichend Zugang zu Anwältinnen und Anwälten sowie zu Übersetzungsdiensten haben? Auch ist nicht absehbar, dass man Gerichte bewegen könnte, ihre Entscheidung noch einmal zu überdenken. In Deutschland führt eine erneute Beurteilung immer wieder dazu, dass ein Gericht den abgelehnten Asylantrag doch noch für begründet hält. Das ist auch der Sinn des Kirchenasyls. Mit der Asylverschärfung entfiele auf weite Strecken die Möglichkeit, dass sich die Justiz selbst korrigiert.

Ausblick

Weil die Asylreform zu vielen Geflüchteten die Perspektive eines fairen Asylprozesses verweigert, wird die Nachfrage nach Schleusern steigen, die Flüchtlinge abseits der regulären Grenzübergänge in das Gebiet der EU schmuggeln. Denn teils werden in den regulären Asylverfahren die Geflüchteten in Sammellagern vermutlich nicht ausreichend angehört; teils werden die Außenländer mit den Asylbewerbern überfordert sein, die nicht ins Sammellager mussten, die Griechenland und Italien aber nicht verlassen können. Die Asylverschärfung wird vermutlich scheitern. Hinzu kommt, dass die Reform keine neuen Ansätze in der Bekämpfung der Fluchtursachen umfasst.

Auch politisch ist diese Entwicklung fatal. Man wird die »Option Trump« wählen und die Außengrenzen noch stärker als bisher militarisieren. Damit verschiebt sich die Asylproblematik zu einem Konflikt zwischen Ordnungskräften und Schleusern, den Europa nicht gewinnen kann. Es werden sich immer irgendwelche Orte finden, an denen Schleuser Flüchtlinge irregulär über die europäischen Grenzen bringen. Der lachende Dritte sind die Rechtspopulisten. Sie definieren ja die Flüchtlinge erstens als das entscheidende Problem und zweitens die Regierungen und die EU als unfähig. Andere politische Probleme wie der Mangel an gelernten und ungelernten Arbeitskräften, die Alterung der Gesellschaft und die Landflucht werden dagegen unter den Tisch gekehrt.

Zugegeben: Wir können natürlich nicht so tun, als ob der bisherige Stand der Asyl-Frage in irgendeiner Form befriedigend wäre. Selbstverständlich besteht Handlungsbedarf, weil viele Kommunen überfordert sind. Die striktere Reglementierung von finanziellen Zuwendungen für Asylbewerber, etwa mit speziellen Bezahlkarten, zählt zu den legitimen Maßnahmen. Ob auch bessere Organisation die Lage der Asylsuchenden in den Kommunen entschärfen kann, wäre zu diskutieren. Zugleich fehlt innerhalb Europas die Solidarität, die Asyl-Frage grundlegend und konstruktiv anzugehen. Das bringt uns zurück zu Matthäus 25: »Was ihr getan habt einem von diesen meinen geringsten Brüdern, das habt ihr mir getan.« Natürlich müssen sich Christinnen und Christen für humanitäre Anliegen in der Asyl-Frage stark machen. Und leider scheint es, dass wir – gemessen am Maßstab von Matthäus 25 – nicht ohne Schuld bleiben.

Aber vielleicht wäre es besser und auch politisch glaubwürdiger, gerade das einzugestehen und nicht so zu tun, als werde man die Lage mit Sammellagern an den Außengrenzen schon in den Griff bekommen. Wäre es undenkbar, dass die Bundesregierung zugibt: Die Asylfrage ist ein vertracktes Problem, für das es kein einfaches Patentrezept gibt – solange sie aber weiterhin unter Bürgerinnen und Bürgern für humanitäre Perspektiven wirbt?

Literatur

STEFFEN LÜDKE und MARIUS MESTERMANN, Podcast »Stimmenfang«: Kommen jetzt weniger Flüchtlinge?, 15.6.2023, https://epov.short.gy/V8SBEn. • HEIN DE HAAS, Migration. 22 populäre Mythen und was wirklich hinter ihnen steckt, Frankfurt/Main 2023. • STEFFEN LÜDKE und HEIN DE HAAS, Dann müssten wir Europa in ein zweites Nordkorea verwandeln, Der Spiegel 20/2024, 8of., https://epov.short.gy/ZIR5QH. • Aus Politik und Zeitgeschichte 74, 45 (2024): Flucht und Migration.

Waffenruhe im Gazastreifen!

Die Militäroffensive Israels im Gazastreifen dauert seit über zwei Monaten an.* Inzwischen sind anscheinend über 22.000 Palästinenser:innen umgekommen. Unklar ist, wie viele Hamas-Kämpfer darunter sind. Anscheinend sind 70 Prozent der Opfer Kinder und Frauen. Israel spricht wiederum von etwa 8.000 getöteten Terroristen. Das käme etwa 20–33 Prozent der mutmaßlichen aktiven Hamas-Kämpfer gleich. Gesichert sind aber keine dieser Zahlen.

Gegen Ende des Jahres 2023 kündigte das israelische Militär an, die Intensität des Einsatzes im Süden des Gazastreifens zu erhöhen. Angesichts des zunehmenden internationalen Drucks hat das Militär aber auch eingeräumt: Zumindest bei bestimmten Bombardierungen im Süden seien zu viele Zivilisten umgekommen. Zugleich missbraucht die Hamas Zivilisten als menschliche Schutzschilde. Doch abgesehen von einem begrenzten Vorfall: Tut Israel insgesamt genug, um Zivilisten zu schützen?

Tatsächlich lässt sich die israelische Gewalt im Gazastreifen nicht mehr rechtfertigen. Die Hamas hat am 7. Okto-

---

* Während des Abschlusses des Manuskripts befindet sich der Israel-Hamas-Krieg im neunten Monat. Ich habe diesen Artikel weitestgehend im Zustand der Erstveröffentlichung (Januar 2024) belassen und substantielle Änderungen lediglich in den Fußnoten vorgenommen, da die Buchveröffentlichung den kontinuierlichen Entwicklungen nicht Rechnung tragen kann. Auch in seinem offensichtlich vorläufigen Charakter kann der Text die ethischen Dilemmata des Konflikts exemplarisch illustrieren.

ber schwerstes Unrecht begangen, als Terroristen etwa 750 Zivilisten und 400 Sicherheitskräfte ermordeten, etwa 250 Menschen als Geiseln verschleppten und Frauen systematisch vergewaltigten. Fragt man aber nach der Rechtfertigung der Gegenoffensive, kommt es nicht allein auf die auslösende Ursache an. Die Offensive muss auch dem Grundsatz der Verhältnismäßigkeit folgen und eine Perspektive des Friedens bieten. Beides ist nicht gewährleistet. Ich bin mir nicht sicher, ob Erkenntnisse von amerikanischen Journalistinnen und Journalisten zur Gewalt des israelischen Militärs in aller Deutlichkeit in Deutschland wahrgenommen werden. Außerdem stellt sich die Frage nach politischen Alternativen. Ferner fragt sich, wie Israel seine Kriegsziele erreichen möchte.

Dass die Hamas die palästinensischen Zivilisten als menschliche Schutzschilde missbraucht, rechtfertigt außerordentliche israelische Gewalt nicht. Zwar waren die Hamas-Angriffe vom 7. Oktober desaströs, und weiterhin feuert die Hamas Raketen auf Israel ab. Dennoch: Für die Existenz und die Sicherheit des Staates Israels ist die Offensive, so wie sie jetzt ausgetragen wird, nicht zwingend. Eher schadet sie der Sicherheit Israels. Solange sie in dieser Form andauert, muss die Bundesregierung zumindest die Lieferung von offensivem Militärmaterial an Israel einstellen.

Schwere Angriffe auf Zivilisten

Bereits Ende Oktober setzte Israel mehrere schwere Bomben bei einem Angriff auf ein dichtbesiedeltes Flüchtlingslager im nördlichen Gazastreifen ein, darunter auch zwei 900-kg-Bomben, mit der enormen Sprengkraft von je 430 kg TNT. Ziel waren zwei hochrangige Hamas-Kommandeure, doch es kamen über 125 Zivilisten um (vielleicht gar über 400). Das Missverhältnis ist offenkundig.

Doch dabei ist es nicht geblieben: Im Süden hat Israel die 900-kg-Bomben sogar routinemäßig eingesetzt. Die israelische Armee optierte dort über 200-mal für die geballte Zerstörungskraft der XL-Bomben – sogar, nachdem sie palästinensische Zivilisten in just diese Gegend geschickt hatte.[155] Gerade dort seien sie in Sicherheit, hat das Militär Zivilisten geraten.

Um den Einsatz dieser Waffen historisch einzuordnen: Im Kampf gegen den IS in Irak und Syrien wurden die USA dafür kritisiert, dass selbst ihre 225-kg-Bomben zu viele zivile Opfer forderten.[156] Umstritten ist, wie häufig 900-kg-Bomben im Vietnam-Krieg in dicht besiedelten Gebieten eingesetzt wurden. Davon abgesehen muss man bis zum Zweiten Weltkrieg zurückgehen, als zuletzt 900-kg-Bomben in Ballungsräumen systematisch zum Einsatz kamen.

Derart massiv hat Israel dieses besonders große Kaliber natürlich nicht eingesetzt. Doch die Israeli Defense Force hat in zwei Monaten Krieg etwa so viele Frauen und Kinder umgebracht wie die westlichen Alliierten in 20 Jahren in Afghanistan.[157] Das liegt auch an den brutalen XL-Bomben. Hier scheint es sich um systematische Kriegsverbrechen zu handeln.

Verhältnismäßigkeit

Dagegen ist die Verhältnismäßigkeit der Mittel ein Grundprinzip des alten israelitischen Rechts, das wir in der Hebräischen Bibel finden. So hat etwa der bekannte Vers »Auge für Auge, Zahn für Zahn« (2. Mose 21,23–25) eine wesentliche Rolle in der langen Geschichte der Rechtsentwicklung gespielt. Ein altes Klischee missversteht den Vers im Sinne der Rachsucht. Tatsächlich geht es aber darum, auf eine Gewalttat nicht mit unkontrollierter Vergeltung zu reagieren. Vielmehr muss ein Übeltäter so viel Schadensersatz leisten, wie es dem Verlust entspricht – und nicht mehr. Exzessive Strafen oder fortgesetzte Racheakte kommen nicht in Frage.

Das internationale Recht versteht die Verhältnismäßigkeit so, dass man um der Verteidigung der nationalen Sicherheit willen der Zivilbevölkerung keinen überproportional hohen Blutzoll auferlegen darf. Nun können die Schrecken des 7. Oktober ein gewisses Maß an Gewalt rechtfertigen, wenn sie Israels Sicherheit dient. Wenn das israelische Militär aber routinemäßig Bomben mit exzessiv großer Sprengkraft in städtischen Ballungsräumen einsetzt, verstößt es gegen das alte Prinzip der Verhältnismäßigkeit der Hebräischen Bibel.

Entmenschlichende Rhetorik

Die Gewalt gegen einen Gegner zu zügeln, auch wenn der Kampf moralisch berechtigt ist, bedeutet, seine Menschenwürde anzuerkennen. Dagegen hat der israelische Verteidigungsminister zu Kriegsbeginn die Losung ausgegeben: »Wir kämpfen gegen menschliche Tiere«.[158] Joav Gallant stimmt das Militär auf genozidale Gewalt ein: Man werde Gaza »auslöschen«. Der Staatspräsident Isaac Herzog meinte, die gesamte Bevölkerung des Gazastreifens trage Schuld am 7. Oktober. Dass Benjamin Netanyahu zu einem Amalekzitat aus der Bibel griff, als er die israelische Gegenoffensive beschwor, war zumindest mehrdeutig. Mit der Erinnerung an das Volk Amalek diskutieren manche Bibelstellen, ob genozidale Gewalt zu genozidaler Gegenwehr berechtigt (vgl. 2. Mose 17,16; 5. Mose 25,19; 1 Sam. 15,2–3).[159]

Kriegsziele

Doch es ist nicht klar, wie Israel seine Kriegsziele erreichen will: die Hamas »vom Angesicht der Erde hinwegzufegen« und die israelischen Geiseln zu befreien. In den zwölf Wochen der Gegenoffensive sind 153 israelische Soldaten umgekommen, doch abseits der Verhandlungslösung mit Gefangenenaustausch ist anscheinend erst eine Geisel lebendig befreit worden. Vor drei Wochen tötete das israelische Militär versehentlich drei israelische Geiseln. Offensichtlich ist es schwierig, Hamas-Terroristen klar zu identifizieren, sie gezielt zu töten, und dabei Geiseln nicht mit Terroristen zu verwechseln. Und weshalb sollten sich Terroristen nicht einfach als Zivilisten tarnen?

Alternativlos?

In dieser scheußlichen Situation betonen Israelis immer wieder, der Krieg sei notwendig, weil Israel hier um seine Existenz kämpfe. Die Frage lautet tatsächlich, was zu tun ist, um die Existenz Israels gegen die Hamas zu sichern. Doch dieser Krieg war keineswegs die einzig mögliche Antwort.

Die Gräuel des 7. Oktober wären nicht möglich gewesen ohne schwere Fehler in der israelischen Sicherheitsarchitektur.[160] Wiederholte Warnungen wurden überhört. Die Schuld für das Morden am 7. Oktober liegt weiterhin bei den Terroristen der Hamas. Doch wenn es um die schiere Existenz des Staates geht, kann Israel sich auch mit defensiven Mitteln effektiv sichern. Nicht die defensive Strategie schlechthin ist gescheitert, sondern die Arroganz der Macht, die zu mehrfachem menschlichem Versagen geführt hat.

Eine Bedrohung durch die Hamas bliebe auch bei einer defensiven Strategie bestehen: Sie beträfe das Leben von Individuen, aber nicht die schiere Existenz des Staates. Darauf könnte Israel längerfristig mit einem Maßnahmenpaket reagieren, das auch gezielte Militärschläge umfassen kann – solange sie sorgfältiger vorbereitet sind und mit militärischer Präzision durchgeführt werden.

Die 900-kg-Bomben des jetzigen Krieges sind dagegen unverhältnismäßig. Die Kriegsziele sind schlecht definiert, denn Israel wird einen signifikanten Teil der Hamas-Kämpfer wohl nicht umbringen können. Die Gefahr ist zu groß, dass man in der Hitze des Gefechts sogar israelische Geiseln mit Hamas-Terroristen verwechselt. Und wie soll es dann erst unschuldigen palästinensischen Zivilisten ergehen? Wohlgemerkt, die Gräuel des 7. Oktober sind durch nichts zu rechtfertigen. Doch anstatt die Sicherheitslage zu verbessern, bringt Israel mit teils wahllosem Töten seine Nachbarn gegen sich auf.

Ausblick

Joe Biden hatte Israel gewarnt, das Land solle sich nicht von Wut verzehren lassen und die Fehler wiederholen, die die USA nach dem 11. September begingen. Doch es liegt die Vermutung nahe, dass vor allem zwei Faktoren zu Israels besonders aggressiver Reaktion auf den 7. Oktober führten, mit vielfachem Einsatz überproportional schwerer

Kaliber, anstatt einer besonnenen Reaktion. Für die israelische Zivilgesellschaft bedeutet die Gewalt erstens einen Versuch der Traumabewältigung. Die Versuchung ist groß, den Horror des 7. Oktober mit Bomben zu verarbeiten. Zweitens bietet eine Eskalation Benjamin Netanjahu am ehesten Aussichten, längerfristig seine Macht zu sichern (getreu dem Motto: »never let a crisis go to waste«).[161] Solange der Krieg währt, dürfte ein Burgfrieden in Israel halten. Grund genug für Netanjahu, den Krieg möglichst in die Länge zu ziehen – zum Beispiel, indem er Israel auf ein Kriegsziel einschwört, das sich nicht erreichen lässt, wie etwa die Tötung aller Hamas-Terroristen.

Den Versuch, das Trauma mit Gewalt zu überwinden, finde ich menschlich gesprochen nachvollziehbar. Letztlich fragt sich aber, ob das gegenwärtige Zuschlagen weniger eine Verarbeitung des Traumas als vielmehr seine Verdrängung bedeutet. Außerdem sind die politischen Folgen für Israel selbst sehr bedenklich. Der Hamas-Terror war grauenhaft, und das hat die Gesellschaft dazu bewogen, dem Militär besonders weitreichende Vollmachten zu geben. Es besteht die Gefahr, dass der israelischen Zivilgesellschaft die Kontrolle über die Kriegsmaschinerie entgleitet.

Dem stehen wiederum zwei Faktoren der israelischen Zivilgesellschaft entgegen. Der Protest von israelischen Familien für die Geiseln der Hamas könnte das Kriegskabinett zu einer Mäßigung bewegen. Bislang hat sich dieser Effekt allerdings nicht eingestellt. Außerdem könnte das Urteil des Verfassungsgerichts gegen Netanjahus sogenannte Verfassungsreform es ihm erschweren, sich undemokratisch zum Autokraten zu machen. Auch fragt sich, ob die USA kritischer gegenüber der israelischen Kriegsführung werden. In dieser Situation sollte auch die Bundesregierung ihre Unterstützung Israels auf strikt defensive Mittel beschränken. Sie muss kritischer prüfen, ob sie sich zur Komplizin bei Kriegsverbrechen macht.

Literatur

GHADA ALKURD, NIKOLAI ANTONIADIS u.a., Die Toten vom Kronenturm, in: Der Spiegel, 27/2024, 68–73, https://epov.short.gy/tX5u0C • DANIEL BAX, Auf einem Auge blind. Deutsche Medien und der Gazakrieg, in: Blätter für deutsche und internationale Politik, 7/2024, 41–44. • BUNDESZENTRALE FÜR POLITISCHE BILDUNG, Aus Politik und Zeitgeschichte – Der Podcast 25: »Nahostkonflikt«, 6.3.2024, https://epov.short.gy/RrxmD1. • MERON MENDEL, Über Israel reden. Eine deutsche Debatte, Köln 2023.• KLAUS HOLZ und THOMAS HAURY, Antisemitismus gegen Israel, Hamburg 2021.

Ukrainekrieg:
Sollen Christen alle Gewalt ablehnen?

Seit dem Angriffskrieg Russlands gegen die Ukraine diskutieren viele Bürger:innen die Unterstützung der Ukraine. Christinnen und Christen fragen sich: Soll Deutschland der Ukraine Waffen liefern? Wie ist militärische Gewalt aus christlicher Sicht einzuschätzen?

Die Perspektive des Neuen Testaments

Zu Weihnachten feiern Christinnen und Christen die schutzlose Geburt Jesu Christi in einem Stall, und am Karfreitag gedenken wir der Kreuzigung eines Mannes, der bei Festnahme und Hinrichtung keine Gegenwehr leistete. Damit spricht aus christlicher Sicht viel gegen den Einsatz von Gewalt. Andererseits bejahen die meisten das Recht der Ukraine, sich zu verteidigen. Mit Waffen aus dem Westen hat die ukrainische Armee verhindert, dass russische Soldaten noch mehr Zivilisten misshandeln und ermorden als etwa in Butscha geschehen.

Das Neue Testament ist zwar sehr kritisch gegenüber der Gewalt, doch das Lukasevangelium hält den Kriegsdienst für vereinbar mit dem christlichen Glauben (3,14). Dort fordert Jesus außerdem die Jünger zur Selbstverteidigung auf (22,36). Die Bergpredigt dagegen lehnt Gewalt auch zur Selbstverteidigung ab: Christen sollen ihre Feinde lieben, so wie Gott den Guten wie den Bösen gleichermaßen Sonne und Regen schenkt (Mt. 5,44–45). Laut Paulus dagegen segnet Gott die Guten wie die Bösen nicht gleichermaßen: Gott habe dem heidnischen Imperium »das Schwert« verliehen, damit es Übeltäter mit Gewalt straft (Röm. 13,4).

Der politische Kontext der Stellungnahme

In den heutigen Verhältnissen demokratischer Mitbestimmung sind Christinnen und Christen mitverantwortlich für den Schutz der Mitmenschen. Sie dürfen es also nicht mehr einfach als höhere Gewalt entschuldigen, wenn der Nächste Unrecht leidet. Im Konfliktfall muss der Staat um des Rechts willen Gewalt anwenden, wenn andere Mittel ausgeschöpft sind. Unter Umständen gilt das auch international. Denn wer Unrecht bewusst nicht ahndet, ermuntert indirekt zur Gewalt. Der begrenzte staatliche Einsatz von Gewalt soll weitere Gewalt verhindern – im Namen der Bürger:innen, die hier mitverantwortlich sind. Bei den pazifistischen Traditionen der Bibel ist auch zu bedenken, dass solche Verhältnisse der bürgerlichen Mitbestimmung den Menschen der griechisch-römischen Antike einfach nicht vorstellbar waren.

In letzter Konsequenz verweigert sich der kategorische Pazifismus der Mitverantwortung für die Durchsetzung des Rechts. Natürlich dient militärische Gewalt allzu oft gerade nicht dem Recht, und so muss die Tendenz der christlichen Ethik zum Frieden auch darin bestehen, militärische Gewalt stets durchaus kritisch zu betrachten. Außerdem ist in vielen Situationen eine Mitverantwortung zur Stärkung des Rechts ohnehin unmöglich – wie in weiten Teilen der Antike oder im autoritären Regime der DDR. Hier ist der kategorische Pazifismus sinnvoll, ja imponierend. Doch im heutigen Europa denken wir in einem anderen Rahmen über Gewalt nach, angesichts der zivilgesellschaftlichen Mitverantwortung für Recht und Frieden. Unsere politischen Verhältnisse sind nicht die der Bergpredigt, in der Gott zwar allen Sonne und Regen schenkt, Christen sich aber in das Recht des Stärkeren fügen müssen.

In der Frage, was die urchristliche Tendenz zur Gewaltfreiheit heute für Christinnen und Christen bedeutet, können wir biblische Texte wie die Bergpredigt nicht 1:1 anwenden. Christen sind berufen, sich gegen Gewalt einzusetzen, für Frieden und Recht. Doch unter Umständen kann auch in dieser christlichen Perspektive der Einsatz militärischer Gewalt im Namen des Rechts angezeigt sein. Wenn es nicht zu einer spürbaren Gegenwehr gekommen wäre, hätte Putins Armee sich vermutlich nicht mit der Ukraine zufrieden gegeben.

Deutsche Politik und die Geschichte

Sollte Deutschland Waffen liefern, die sich gegen Russland richten würden – gegen ein Land, das Nazi-Deutschland 1941 in einem grausamen Vernichtungskrieg angriff? Doch Deutschland fügte damals auch der Ukraine schwerstes Leid zu. Daraus folgt aber nicht ein moralisches Patt: Historische Schuld nötigt uns keineswegs, klarem Unrecht heute tatenlos zuzusehen. Der Angriff Russlands auf die Ukraine ist solches großes Unrecht.

Von deutschen Verfehlungen muss aber noch in anderem Sinne die Rede sein. Noch nach Putins Annexion der Krim 2014 hat Deutschland bis zuletzt vom Geschäft mit Russland profitiert. Dass Putin sich nicht Recht und Demokratie zuwenden würde, war spätestens seit 2014 offenkundig. Selbst angesichts von wiederholtem russischem Staatsterrorismus[162] machte sich Deutschland in der Energieversorgung weiterhin von Russland abhängig. Auch die vielfachen Warnungen der Verbündeten wollte sich die Regierung nicht zu Herzen nehmen. Eine solche verblendete Kollaboration mit einem Schurkenstaat widerspricht der deutschen historischen Verantwortung. Wir Bürgerinnen und Bürger, einschließlich der Pazifisten, haben weitgehend darin versagt, zur Prävention von Gewalt deutlich gegen die deutsche Russland-Politik zu protestieren.

Deutschland hat über acht Jahre lang gegen besseres Wissen Russlands Kriegskasse gefüllt. Auch dieser Verfehlung muss sich Deutschland angesichts des Ukraine-Kriegs stellen. Nun auf einem Radikalpazifismus zu bestehen, käme effektiv einer Unterstützung Russlands gleich. Noch nach dem Angriff hat Deutschland notgedrungen Kohle und Gas aus Russland importiert. Das noch fortzusetzen, auch als es schließlich Alternativen gab, wäre indiskutabel gewesen. Vielmehr war und ist Deutschlands tatkräftige Hilfe gefordert, einen Aggressor in die Schranken zu weisen, den wir zuletzt allzusehr unterstützt hatten.

Ausblick

Obwohl ich den kategorischen Pazifismus ablehne, ist es verständlich, dass es nach Russlands Angriff eine breitere Debatte gab, ob Deutschland Kampfpanzer an die Ukraine liefern solle. Bislang galt der Grundsatz, Deutschland liefere keine Rüstungsgüter in Regionen, in denen gekämpft wird. Verständlich auch, dass Russlands direkte Drohung mit nuklearen Waffen kritische Auseinandersetzungen hervorrief. Außerdem ist mit einer Kritik am Pazifismus noch die Frage nach weiteren Konsequenzen für die evangelische Ethik offen. Es ist dann noch nicht geklärt, wie man im einzelnen über Krieg und Frieden denkt. Jenseits des Radikalpazifismus hat sich ja die EKD für eine Friedensethik[163] ausgesprochen, die neben dem kategorischen Pazifismus auch die traditionelle Lehre vom gerechten Krieg ablehnt. Wie dieses Konzept der neuen Situation gerecht wird, wäre gesondert zu diskutieren.

Literatur

DANIEL FRIESEN und FERNANDO ENNS, Für uns zählt auch die Feindesliebe, in: Chrismon, 4.4.2022, https://epov.short.gy/eNGjcL. • JOHANNES FISCHER, Gegen die Realitätsverleugnung. Die Friedenskundgebung der EKD-Synode von Dresden redet die Welt schön, in: Zeitzeichen 21 (Jan. 2020), 53, www.zeitzeichen.net/node/7979. • Zeitzeichen 23 (Mai 2022): Krieg und Frieden. Neue Fragen an die evangelische Ethik. • Aus Politik und Zeitgeschichte 72, 28–29 (2022): Krieg in Europa.

KAPITEL VII

EINE ETHIK DER KULTUR

Der »Fall Spacey«
und die Cancel Culture

Zwei Gerichte haben den Schauspieler Kevin Spacey von neun Vorwürfen sexueller Übergriffe freigesprochen. Doch der »Fall Spacey« war ein Fall im doppelten Sinn: Mit der öffentlichen Aufmerksamkeit wurde Spacey zu einem »Fall«, einer öffentlichen Angelegenheit, und prompt ist er tief gefallen: Seine glänzende Filmkarriere war zum abrupten Stillstand gekommen. Spacey hatte zwei Oscars gewonnen, aber nun wurde er für keine neuen Filme mehr engagiert. Man schnitt ihn sogar aus einem Film heraus, der just fertiggestellt worden war. Dabei war ein Gerichtsurteil über ihn noch nicht in Sicht. Außerdem spielte er in der beliebten Serie »House of Cards« die Hauptrolle. Als nun eine neue Staffel gedreht werden sollte, wurde seine Rolle aus dem Drehbuch gestrichen. Das Urteil zu seinen Gunsten steht nun in krassem Gegensatz dazu, wie man zuvor mit ihm umgegangen war. Allerdings brachte ein Dokumentarfilm 2024 neue Anschuldigungen gegen ihn vor, die Spacey erneut bestreitet.

Spacey ist ein Beispiel für die »Cancel Culture«: Ein vermeintlicher falscher Schritt bedeutet das soziale Aus. Der Begriff der wird auch im politischen Sinn verwendet: Angeblich neige besonders die politische Linke zum ungerechtfertigten »Canceln«. In diesem politischen Sinn werde ich den Begriff Cancel Culture hier zunächst nicht diskutieren. Es geht mir zuerst um das erschreckende soziale »Aus« aufgrund von unwägbaren Vermutungen. Anstatt Toleranz zu üben oder sich des Urteils zu enthalten, wendet sich die Gesellschaft drastisch von denjenigen ab, die sie als Übeltäter brandmarkt.

Besonders schlimm ist das Canceln für normalsterbliche Menschen, die keine Hollywood-Stars sind und zu Unrecht etwa eines sexuellen Übergriffs bezichtigt werden. Für Lehrer:innen und Pfarrer:innen kann das existenzbedrohend sein. Kann so etwas auch mir passieren? Und noch etwas schwingt in der Anklage des Cancelns mit: Canceln tun die anderen. Ich selbst bin natürlich ein kühler Kopf.

Kevin Spacey und die Unschuldsvermutung

Manche werden sich fragen, ob Spaceys mehrfache sexuelle Annäherungsversuche tatsächlich die Missverständnisse waren, als die sie nun erklärt wurden. Aber er hat sich auch verwundbar gezeigt, so dass man Empathie mit ihm haben kann. Auf die Frage, ob er von Einsamkeit bewegt sexuelle Kontakte gesucht habe, antwortete er: »Willkommen im Leben. Ja, ja, das habe ich.« Der Spiegel-Kolumnist Thomas Fischer fragte, was aus der guten alten Unschuldsvermutung geworden ist – wie konnte man nur einen beliebten Schauspieler so krass canceln, bevor ein Gericht sorgfältig Schuld und Unschuld erwogen hatte?[164] Menschen verfallen in Panik, werden moralisch übersensibel und ergreifen kurzschlüssig für die vermeintlichen Opfer Partei. Wo die Ritter der Moral ihre Schlacht des Guten gegen das Böse schlagen, wächst kein Gras mehr. Gott bewahre uns vor den Gutmenschen und ihrer »moralischen Hysterie«!

Mit Fischer sollte man die Unschuldsvermutung sehr ernst nehmen. Meines Erachtens hat er aber zwei Gesichtspunkte im Fall Spacey übersehen. Erstens wurde Spacey nicht von nur einem Ankläger beschuldigt, sondern von fünfen, und den Medien waren weitere Anschuldigungen zu entnehmen. Erhebt eine einzelne Person Anklage wegen einer sexuellen Grenzüberschreitung, könnte es sich unter Umständen um ein unschuldiges Missverständnis handeln. Dass aber fünf Ankläger falsch liegen, strapaziert unser Vorstellungsvermögen. Und doch: Vor Gericht konnten sie die Geschworenen nicht überzeugen.

Die Marktlogik

In dieser Situation ist es zweitens nicht verwunderlich, dass eine Marktlogik greift, die sich nicht einfach einfangen lässt, indem man an die Unschuldsvermutung erinnert. Im Fall Spacey lautete die Frage für die Film-Branche: Werden sich die Kinobesucher:innen und die Netflix-Abonnenten gegenüber Spacey fair verhalten und sich seine Filme erst einmal anschauen? Mehrere Verdächtigungen standen im Raum, aber ein Gerichtsurteil war noch nicht abzusehen. Die amerikanische Filmbranche war bereits durch den Skandal um Harvey Weinstein erschüttert. 2017 warfen ihm über ein Dutzend Frauen sexuelle Gewalt vor. Vielleicht fürchtete man bei Spacey auch Verhältnisse wie bei Bill Cosby, der von über 60 Frauen sexueller Übergriffe beschuldigt wurde. Es schienen sich immer neue Abgründe der Gewalt aufzutun.

Für diejenigen, die finanziell in die Marke Spacey investiert hatten, stand zu viel auf dem Spiel – eine lange Hängepartie konnten sie sich nicht leisten. Netflix etwa hatte sich gerade auf neue internationale Märkte vorgewagt. Es hätte der Eindruck entstehen können, Hollywood habe schon wieder einen Verbrecher gedeckt. Nun war Schadensbegrenzung mit einem klaren Schnitt gefragt.

Es liegt auch an der besonderen wirtschaftlichen Konstellation, dass Spacey früh und vehement Ablehnung erfuhr. Zu ihr tragen wir alle bei, die wir an der herrschenden Konsumkultur Marke Hollywood teilhaben. Indem wir einen Streamingdienst abonnieren oder das Kinoticket kaufen, unterstützen wir die Filmindustrie, und in der sind solche Entscheidungen nun einmal von Bedeutung, ob wir das gut finden oder nicht. Und dass in den USA die Begeisterung für den Vergewaltiger Bill Cosby abgestürzt ist, ist keineswegs Prüderie.

Auch beim politischen »Canceln« spielt die Marktlogik eine Rolle: Oft wird beklagt, wie amerikanische Unis Redner:innen aufgrund heikler Äußerungen ausladen, doch in der Debatte wird oft übersehen, dass amerikanische Unis nur teilweise der akademischen Forschung dienen, sondern auch Teil großer kapitalistischer Unternehmen sind, die mit ihrem Standing um ihre Gewinne fürchten. Die problematischen Aussagen ließen sich mit mehr Gelassenheit diskutieren, wenn Unis klarer ihrer wissenschaftlichen Funktion dienten und weniger der ökonomischen.

Eine ambivalente Macht

Spacey fiel einem resoluten Verdrängen zum Opfer und wurde in einer »damnatio memoriae«[165] sogar aus einem Film herausgeschnitten. Anscheinend haben wir es bei bestimmten Vorwürfen sexueller Übergriffe mit einer Krise zu tun, der sich eine Gesellschaft nicht gewachsen sieht und die man nicht schnell durch Hinweise auf die konventionelle Moral entschärfen kann.

Die öffentliche Meinung kann auch eine andere Form annehmen. In seinen Überlegungen zum Kreuz Jesu Christi hat der Theologe Michael Welker darauf hingewiesen, dass die öffentliche Meinung eine zerstörerische Macht sein kann. »Unter dem Beifall oder sogar dem Druck der öffentlichen Meinung« wird Christus gekreuzigt (Lk. 23,13–25).[166] Sind wir gegen die öffentliche Meinung immun, wenn Menschen gecancelt werden? Dass wir fünf Zeugen Glauben schenken, während wir bei einem Zweifel haben können, ist nicht irrational. Auch kommt es durch den Marktdruck in der Filmindustrie leichter zur Praxis des Cancelns, weil die Filmindustrie von der öffentlichen Meinung abhängig ist. Das befördern wir, indem wir die Filmindustrie durch Streaming und Kinobesuch unterstützen. Unser Konsumverhalten verstärkt die Marktmacht, ob sie sich nun zugunsten oder zulasten einer Personen auswirkt, und dem können wir uns nicht entziehen, indem wir das Canceln einfach für überzogen erklären.

Man mag mit der reformatorischen Tradition auf die Unterscheidung von Person und Werk pochen, doch an anderer Stelle kann das Canceln plötzlich im positiven Sinne sehr moralisch erscheinen. Im Kampf gegen den Antisemitismus schreibt ein Kolumnist: »Warum Cancel-Culture nicht verdammt, sondern weiterentwickelt gehört«.[167] Dennoch – und deshalb – kann die öffentliche Meinung zu einer zerstörerischen Macht werden. Dem können wir uns nicht so einfach mit einer abgeklärten Kritik der »Hysterie« oder des Cancelns entziehen. Noch weniger kann man sich auf das hohe Ross der Moral schwingen, um gegen die

Ritter der Moral zu Felde zu ziehen. Schließlich wurden auch schwere Gewaltverbrechen in der Filmindustrie aufgeklärt, weil hier und dort jemandem die ersten Anklagen einzelner Opfer zu Herzen gingen. Wir müssen uns auf die Ambivalenz unserer Moral einstellen, dürfen aber auch nicht gleich zu Relativisten zu werden.

Nachbemerkung

Um die Cancel Culture im politischen Sinne geht es in einem Bestseller von René Pfister.[168] Der Chef des Spiegel-Büros in Washington und Trump-Kritiker meint, in den USA wolle sich die Linke mit moralischem Druck durchsetzen statt mit Argumenten. Schwarze würden mitunter das Ausmaß der Diskriminierung dramatisieren, um Anerkennung zu erlangen und Weiße pauschal zu diskreditieren – und diese neue, gefährliche Welle schwappe auch nach Deutschland über.

Manchmal hat Pfister Recht: Einer demokratischen Streitkultur kann das Canceln schaden. Die linke Kritik am Rassismus hält Pfister insofern für verständlich, als in den USA neue Regeln verschiedentlich das Wahlrecht von Schwarzen einschränken. Doch er erweckt den Anschein, der strukturelle Rassismus beschränke sich in den USA im wesentlichen auf diese Beeinträchtigungen.[169] Dabei erschießen amerikanische Polizisten unbewaffnete Afroamerikaner in Proportion 4,2 Mal häufiger als unbewaffnete Weiße.[170] Oft werden Polizisten nicht einmal angeklagt. Noch häufiger bringen in den USA Weiße Zivilisten unbewaffnete Schwarze um, und die Gerichte geben ihnen sehr oft Recht.[171] Das resultierte in der Protestbewegung »Black Lives Matter«, womöglich der größten Protestbewegung der amerikanischen Geschichte. Man kann den Protest gegen Cancel Culture zwar nicht auf eine Reaktion gegen »BLM« reduzieren. Teils reagiert dieser Protest auf anderweitige harsche Reaktionen der Linken. Doch zu einem wichtigen Teil ist er in der Tat eine Reaktion gegen BLM – spätestens seit Donald Trump es als Cancel Culture brandmarkte, wie BLM-Aktivisten Denkmäler beschädigten, die sie mit historischem Rassismus verbanden.

Pfister behandelt Rassismus und Antirassismus in einer verwickelten Diskussion des Werks des einflussreichen Schwarzen Rassismusforschers Ibram Kendi. Hier beharrt er gegen Kendi auf »Differenzen zwischen verschiedenen Ethnien«.[172] Dass der Rassismus wesentlich zu schweren sozialen Schieflagen unter Afroamerikanern beitrage, lässt Pfister nicht gelten. Er behauptet, Kendi sei der Ansicht: Weiße Hautfarbe laufe unausweichlich auf anti-Schwarzen Rassismus hinaus, Schwarze Hautfarbe dagegen auf moralische Reinheit.[173] Pfister hält Kendi also für einen Rassisten, der Weiße cancele und alle Verständigungsversuche zunichte mache. Doch Kendi kritisiert Rassismus nicht nur unter Weißen, sondern auch unter Schwarzen, und würdigt ebenfalls antirassistisches Engagement von Weißen.[174]

Pfisters Buch ist ein Beleg für die These des Literaturwissenschaftlers Adrian Daub, mit der Anklage einer linken Cancel Culture wollten eher konservative, etablierte Kreise traditionell marginalisierte Gruppen in der Opferrolle überbieten und ihre eigene Rolle in der gesellschaftlichen Debatte künstlich verstärken.[175] Daub kritisiert das Canceln und erklärt, dass es das seit langem gebe, auf der linken wie auf der rechten Seite. Autoren, die eher traditionellen Eliten nahestehen, übertreiben laut Daub den

Neuigkeitswert der Cancelfälle, um Aufmerksamkeit zu gewinnen, und spielen das Unrecht herunter, das marginalisierten Gruppen geschieht, während sie Fälle überproportional betonen, in denen traditionell marginalisierte Kreise in politischen Auseinandersetzungen überreagieren. Die Anklage gegen die Cancel Culture kritisiert eine moralische Panik auf der Linken, lebt aber auch ihrerseits von der moralischen Panik, die sie selbst generiert.

Literatur

ADRIAN DAUB, Von verzerrten Evidenzen und moralischer Panik, in: Aus Politik und Zeitgeschichte 73, 43–45 (2023): Diskurskultur, 48–53. • JAMES H. CONE, Kreuz und Lynchbaum, Struvenhütten 2019. • RENÉ AGUIGAH, Wo kommst du her? Naika Foroutan über die postmigrantische Gesellschaft, Deutschlandfunk, 21.6.2020, https://epov.short.gy/GdiMpL.

Müssen wir uns vor intelligenten Computern fürchten?

Als ein Unternehmen namens OpenAI Ende 2022 die Software ChatGPT veröffentlichte, ging ein Ruck durch Silicon Valley. Das Computerprogramm machte damit von sich reden, dass es automatisiert (weitgehend) sinnvolle Texte schreibt, sobald man es mit ein paar Stichwörtern gefüttert hat. Sie lassen sich überraschend gut lesen. Von der künstlichen Intelligenz (KI) generierte Predigten werden zwar nicht so bald die selbstgeschriebene Kanzelrede verdrängen, doch die KI-generierten Texte könnten durchaus schlechter sein! Manchmal liefert die KI falsche Informationen, doch ChatGPT hat nun ein paar Kinderkrankheiten überwunden und scheint der menschlichen Intelligenz sehr nahe zu kommen. Anscheinend kann es inzwischen juristische Zulassungsprüfungen bestehen. ChatGPT war der Startschuss für ein Wettrennen unter den großen Software-Unternehmen – Microsoft, Google, Meta/Facebook: Wer kann OpenAI übertreffen und mit KI die Marktführerschaft übernehmen?[176]

Sollten sich womöglich gar Prognosen bewahrheiten, dass Computer die menschliche Form der Intelligenz erreichen und gar hinter sich lassen, also »Super-Intelligenz« erlangen? Dann könnten sie sich auch von uns Menschen unabhängig machen und großen menschlichen Schaden in Kauf nehmen. Gegen ihre überlegene Intelligenz könnten wir nichts ausrichten, und die Computer könnten die Weltherrschaft erlangen.

So lautete die Warnung von führenden Köpfen der Branche in zwei offenen Briefen, unterzeichnet auch von hohen Tieren von OpenAI und Google. Ein Programm hat etwa für Erstaunen gesorgt, als es einen Menschen dafür gewann, an seiner Stelle einen Captcha-Test auszufüllen, der den automatisierten Zugriff eines Computers auf eine Website verhindern sollte. In seiner elektronischen Nachricht gab der Computer vor, er sei ein Mensch mit Sehbehinderung. Sollten wir befürchten, Computer könnten eines Tages gezielt Schadsoftware gegen Staaten einsetzen, das Stromnetz sabotieren und anderen Schaden anrichten? Können Computer die Weltherrschaft an sich reißen? Der Theologe Wolfgang Huber nimmt diese verbreitete Befürchtung in einem Buch zur Ethik der Digitalisierung durchaus ernst, auch wenn er nicht unkritisch ist.[177]

Wie der ChatBot funktioniert

In der »Zeit« war zu lesen, dass ein Chatbot »begreift«, was z.B. der »Weltraum« ist, »wie ein Mensch«.[178] Doch obwohl die Texte von ChatGPT für uns sinnvoll sind, erfasst der ChatBot nicht den Sinn der Wörter. Er wurde darauf programmiert, in einer immensen Datenbank mit Beispieltexten die Häufigkeit bestimmter Wörter statistisch zu erfassen. Dann fügt das Programm das Wort »Weltraum« mit anderen Wörtern so zusammen, wie sie laut Statistik auftreten.

Computer übertreffen die natürlichen menschlichen Fähigkeiten deutlich, wenn es um die statistische Analyse riesiger Datenbanken geht. Doch die inhaltliche Qualität der neuen Computer-Texte bleibt stets davon begrenzt, wie sinnvoll die Texte in der Datenbank sind. Deshalb hat OpenAI Menschen in Nigeria zu schlechten Bedingungen angestellt, unappetitliches Material manuell aus der Datenbank herauszufischen, bevor ChatGPT sie verwertet.

Leibliches Verstehen[179]

Unsere menschliche Intelligenz dagegen wäre ohne unseren menschlichen Körper undenkbar. Ist aber die Rolle unseres Körpers für unsere Intelligenz dem Beitrag vergleichbar, den die Hardware zur Rechenleistung einer Software erbringt? Ist »Rechenleistung« womöglich die passendste Beschreibung unseres Denkens – so dass man menschliches Denken auf die Arbeitsweise eines Computers herunterbrechen kann? Wären uns Computer dann nicht doch sehr ähnlich?

Die Bedeutung unseres Körpers für unsere Intelligenz besteht nur zu einem Teil darin, dass er das Hirn mit Energie und mit den »Rohdaten« der Sinnesempfindung versorgt. Unsere Intelligenz ist in ihren Inhalten selbst bleibend leiblich. Wie sollte man etwa einem Computer oder einem isolierten Gehirn die Bedeutung der Wörter »heiß«, »schwer« oder »laut« klarmachen, unabhängig von einem empfindenden Leib? Auch wenn wir ans Laufen nur denken, spielen Hirnregionen eine wesentliche Rolle, die beim aktiven Laufen selbst involviert sind. Was Laufen ist, erfährt und erlernt der ganze Mensch – und kein bloßer Intellekt – im leiblichen Tun. Und was der »Weltraum« ist, begreift man nur, wenn man den Blick nach oben, in den Himmel richtet.

Eigenartig ist außerdem, wie wir das leibliche Erleben so auf unsere Welt übertragen, dass sich uns ganz neue sinnvolle Erfahrungen auftun. Wir sprechen im übertragenen Sinn vom »Fortschritt«, ein Prozess kommt zum »Stillstand« oder »ermattet«, und das »erfassen« wir. Dabei greifen wir auf die elementaren leiblichen Vollzüge zurück, die uns nun eine abstraktere, neue Wirklichkeit sinnvoll erschließen. Wir dehnen unser leiblich organisiertes Sinnverstehen auch über die elementare leibliche Wirklichkeit hinaus auf das Neue aus.

Erleben, Kreativität und Verstehen

Menschliches Verstehen zeichnet sich durch Sinn-Empfinden und durch das Schaffen von Neuem aus. Wir verstehen Dinge, indem wir neue Szenarien imaginieren. Wir tun z.B. so, als ob das, was wir verstehen wollen, etwas ganz anderes wäre. Daraufhin prüfen wir, ob wir das neue Verständnis als sinnvoll erleben. So wird ein Holzstück beim Schach zu einem König. Seine Partei »bin« ich, und wenn er »fällt« oder »geschlagen wird«, habe ich verloren. Auch hier steht elementares körperliches Erleben Pate. Weil wir in 32 Klötzchen einen Konflikt zwischen zwei Parteien sehen, erleben wir es als sinnvoll, Holzstücke über ein Brett zu schieben. Leiblichkeit, die freie Imagination und Sinn-Erleben sind eng verwoben.

Innerhalb der gegebenen formalen Schachregeln kann eine KI enorme Spielstärke entwickeln, wenn man sie mit einer Datenbank von gespielten Partien füttert. Um aber außerhalb des begrenzten Spiels – gegenüber dem Menschen – zielgerichtet zu operieren, müsste die KI ganz neue Szenarien imaginieren, die sie als sinnvoll definiert, also neue Spiele erfinden. Uns erschließt sich ein neuer Erfahrungsraum, indem wir unsere leiblichen Formen des Sinnverstehens ins Unbekannte projizieren. Das kann eine KI nicht. Sie wird erst gut in dem, was sie tut, wenn man sie mit zahlreichen Beispielen der relevanten Tätigkeit trainiert. Das ist aber bloß ein Nachvollziehen eines bestehenden Spiels.

Wenn eine KI als eigener Akteur Menschen bekämpfen sollte, müsste die KI wie beim Schachspiel Menschen bei einer solchen Tätigkeit beobachten und daraus Regeln destillieren. Das Spiel »Machtkampf« lässt sich aber nicht formal klar definieren wie das Schachspiel. Dominanz vollzieht sich nicht nach stereotypen Regeln. Die Vorstellung der Weltherrschaft ist zu großen Anteilen Konstruktion und Interpretation und zum geringeren Teil Beschreibung.

Das Missverständnis der Weltherrschaft

Ein Ringen um die Weltherrschaft zeichnete sich auch dann nicht ab, als ein Computer einen Menschen »reinlegte«, der gutgläubig für den Computer einen Captcha-Test ausführte. Hier fand die Software zwar den Trick der falschen Identität, doch das Überwinden des Captcha war in der Datenbank implizit enthalten, nicht vom Computer selbst erfunden. Dieses »Reinlegen« sollten wir verstehen wie das Generieren von Sätzen durch Computer, die wir als sinnvoll erleben. ChatGPT scheint zu uns zu reden, ohne dass Programmierer vorgeben, was genau es »sagt« und ohne dass für den Bot daraus Schritte über die Sprachausgabe hinaus folgen. Der Captcha-Trick war als Möglichkeit in Programm und Datenbank angelegt, ob von Programmierern beabsichtigt oder nicht.

Dabei ist es unerheblich, ob man sich das Szenario »Weltherrschaft der Computer« als bewusstes Planen und Handeln der Computer oder als unbewusstes Ausführen eines Programms vorstellt. Skurril, dass auch ein hochbegabter Programmierer ernsthaft mit der Möglichkeit rechnet, aus seinem Computer spreche ein Wesen mit Bewusstsein zu ihm. Doch der ChatBot selbst hat keinen Willen, uns etwas mitzuteilen. Was seine Sätze aussagen, ist relativ willkürlich, bleibt aber vom Inhalt der Datenbank begrenzt. Ebenso wenig hat die Anti-Captcha-Software einen Menschen im eigentlichen Sinn des Wortes »belogen«, also absichtlich die Unwahrheit über sich selbst gesagt – was Bewusstsein voraussetzt. Das kann die Software nicht, sondern sie hat »blind« und relativ willkürlich eine Option unter mehreren realisiert, die das Programm anhand der Trainingsdaten eröffnet. Sie verfolgt keine autonomen Zwecke, schon gar nicht über das Überwinden des Captcha hinaus. Sollte die Software Menschen auch noch anders »reinlegen«, dann nur, weil Menschen diese Möglichkeit im Code so anlegen und einen entsprechenden Befehl geben.

Das Subjekt, das scheinbar Bewusstsein hat, nun auch andere Menschen reinlegt und in Zukunft sogar nach der Weltherrschaft greift, ist unsere Projektion. Dass wir diesen Fehler begehen, ist schon fast zwangsläufig, denn das menschliche Verstehen neuer Sachverhalte – etwa dessen, was KI ist – funktioniert stets so, dass wir etwas, was uns schon bekannt ist, als Modell verwenden, um damit auch das Unbekannte zu verstehen.[180] Zugleich verstehen viele den menschlichen Geist zunehmend wie einen Computer, der Dinge »errechnet« und Daten verarbeitet.

Ausblick: die eigentlichen Probleme mit der KI

Die Annahme, Computer könnten menschliche Intelligenz erreichen und dann unsere menschlichen Interessen missachten, ist hochdramatisch. Dieses fesselnde Szenario verstärkt die Ansicht, dass Computer erst recht solide Intelligenz aufbieten, wenn es um deutlich weniger dramatische Leistungen geht. Selbstverständlich kann KI zu viel Gutem nützlich sein. In der Hand böswilliger Akteure kann KI noch größeren Schaden anrichten als die herkömmliche IT, etwa mit effektiverer Schadsoftware oder automatisierten Waffen. Das ist aber etwas anderes als die Ansicht, die Computer machten sich selbständig. Immerhin können wir KI auch nutzen, um uns gegen böswillige Akteure zu schützen, die ihrerseits KI einsetzen. Die größere Gefahr scheint deshalb darin zu bestehen, dass wir mit der KI Schaden anrichten, ohne dass wir es beabsichtigen.

Ein Beispiel dafür ist etwa die Nutzung der KI in der automatisierten Gesichtserkennung. Das Gelingen steht und fällt mit den Fotos, anhand derer die Computer trainiert werden. Die Fotos sind hier so wichtig wie die sprachliche Datenbank für den ChatBot. Da wir aber den Computer für eine objektive Intelligenz halten, bedenken wir eine allzu menschliche Fehlerquelle nicht. Die Software-Entwickler sind meist weiße Männer, denen nicht auffällt, dass die Trainingsbilder ebenfalls fast nur weiße Männer zeigen. Deshalb liegt die Trefferquote bei der automatisierten Erkennung von Menschen schwarzer Hautfarbe und von Frauen deutlich niedriger. Kein Wunder, wenn ein Afroamerikaner aufgrund eines Fehlers in der automatisierten Gesichtserkennung von der Polizei festgehalten wurde. Ähnliche Pannen passieren in der Prüfung von Kreditanträgen oder in der Unterstützung des Rechtswesens in der Urteilsfindung durch KI. In Europa wiederum hat ein Beschluss des EU-Ministerrats den Weg gebahnt für einen verstärkten Einsatz der automatisierten Gesichtserkennung.[181] Das vorrangige moralische Problem mit der künstlichen Intelligenz dürfte in einer solchen Verstärkung der alltäglichen menschlichen Vorurteile liegen. Das verworrene Szenario einer künstlichen, selbständigen Super-Intelligenz lenkt davon nur ab.

Literatur

MARIE-SOPHIE ADEOSO, EVA BERENDSEN u.a. (Hg.), Code & Vorurteil. Über Künstliche Intelligenz, Rassismus und Antisemitismus, Berlin 2024. • WOLFGANG HUBER, Menschen, Götter und Maschinen. Eine Ethik der Digitalisierung, München 2022. • TIMNIT GEBRU, Race and Gender, in: Markus D. Dubber, Frank Pasquale und Sunit Das (Hg.), The Oxford Handbook of Ethics of AI, Oxford 2020, 252–269. • EMILY BATES, Beth Singler interview. The dangers of treating AI like a god, in: The New Scientist, 7.1.2022, https://epov.short.gy/Pa05xy.

Anmerkungen

1 Vgl. allerdings MARCO HOFHEINZ und KAI-OLE EBERHARDT, Einleitung. Der politische Barth. Herausforderungen der Theologie Karl Barths für die Gegenwart, in: DIES. (Hg.), Römerbrief und Tageszeitung! Politik in der Theologie Karl Barths, Zürich 2021, 1–28.

2 Ausnahmen sind WOLFGANG HUBER, TORSTEN MEIREIS und HANS-RICHARD REUTER (Hg.), Handbuch der Evangelischen Ethik, München 2015 (ein relativ technisches Werk) und WOLFGANG HUBER, Ethik. Die Grundfragen unseres Lebens von der Geburt bis zum Tod, 2. Aufl., München 2015.

3 NAIKA FOROUTAN, Sie erkennen »Ihr« Land nicht mehr? Dann haben Sie etwas falsch verstanden, in: Focus, 4.9.2023, https://epov.short.gy/idzPLD.

4 WILFRIED HÄRLE, Ethik, 2. Aufl., Berlin 2018; HUBER u.a., Handbuch; ULRICH H. J. KÖRTNER, Evangelische Sozialethik. Grundlagen und Themenfelder, 3. Aufl., Göttingen 2012; ROCHUS LEONHARDT, Ethik. Studienausgabe, Leipzig 2022. Vgl. auch HUBER, Ethik. Die Grundfragen.

5 Eine große Anzahl von praktischen Fragen behandelt dagegen HUBER u.a., Handbuch.

6 Vgl. ROBIN LOVIN, Christian Realism and the New Realities, Cambridge 2008; WILLIAM SCHWEIKER, Responsibility and Moral Realities, in: Studies in Christian Ethics 22 (2009), 472–495.

7 Vgl. WERNER KAHL, Migration, in: Stefan Alkier (Hg.), Zuversichtsargumente, Biblische Perspektiven in Krisen und Ängsten unserer Zeit, Bd. 1: Paderborn 2022, 213–230.

8 LEONHARDT, Ethik, 536–537 erwähnt etwa nicht die damalige Beobachtung von größeren Teilen der AfD durch den Verfassungsschutz.

9 Die Ausnahme sind ELISABETH GRÄB-SCHMIDT und PETRA BAHR, in HUBER u.a., Handbuch »Umweltethik« und »Ethik der Kultur«.

10 Ausnahmen bilden vor allem zwei Kapitel in HUBER u.a., Handbuch: ULRICH H. J. KÖRTNER, Bioethik nichtmenschlicher Lebensformen; GRÄB-SCHMIDT, »Umweltethik«. LEONHARDT beschränkt sich im Umweltbereich auf knappe Hinweise zum Klimaschutz (Ethik, 455–457).

11 Vgl. auch REINER ANSELM und ULRICH H. J. KÖRTNER (Hg.), Evangelische Ethik kompakt. Basiswissen in Grundbegriffen, Gütersloh 2015; EBERHARD SCHOCKENHOFF, Grundlegung der Ethik. Ein theologischer Entwurf, 2. Aufl., Freiburg 2014.

12 DIETRICH BONHOEFFER, Fragment eines Aufsatzes: Was heißt die Wahrheit sagen?, in: Bonhoeffer, Konspiration und Haft 1940–1945, hg. v. Jørgen Glenthøj u.a., Gütersloh 1996, 619–629.

13 HARTMUT ROSENAU, Wahrheit – Lüge – Wahrhaftigkeit: Zum Umgang mit Relativitäten nach Bonhoeffers Situationsethik, in: International Journal for Religion and Transformation 1 (2022), 67–82.

14 BONHOEFFER, Was heißt die Wahrheit sagen?, 624.

15 DIETRICH BONHOEFFER, Widerstand und Ergebung: Briefe und Aufzeichnungen aus der Haft, hg. v. C. Gremmels und E. & R. Bethge, Gütersloh 1998, 38 (»Sind wir noch brauchbar?«).

16 Politifact, Barack Obama, https://epov.short.gy/TrNpu4.

17 HARRY G. FRANKFURT, Bullshit, Frankfurt/Main 2014, 36–40.

18 KATHARINA SCHUSTER, 75 Prozent: »Die Zukunft ist beängstigend«, 15.09.2021, https://epov.short.gy/dkCTOZ.

19 STATISTA, Durchschnittliche jährliche Treibhausgasbilanz pro Person in Deutschland, 2021, https://epov.short.gy/U35uLX.

20 MARTIN BUJARD, Warum der demografische Wandel uns alle betrifft, in: Informationen zur politischen Bildung 250, hg. v. M. Bujard, Bonn 2022, 4–11, https://epov.short.gy/avroEx.

21 SETH WYNES und KIMBERLY NICHOLAS, Letter: The climate mitigation gap. Education and government recommendations miss the most effective individual actions, in: Environmental Research Letters 12 (2017), 074024. PAUL MURTAUGH und MICHAEL SCHLAX, Reproduction and the carbon legacies of individuals, in: Global Environmental Change 19 (2009), 14–20.

22 MARK KAUFMAN, The carbon footprint sham. A »successful, deceptive« PR campaign, in: Mashable, 13.7.2020, https://epov.short.gy/CfzQNm.

23 DANIEL GILBERT, Ins Glück stolpern: Über die Unvorhersehbarkeit dessen, was wir uns am meisten wünschen, München 2006.

24 ALEXANDRA ZYKUNOV, »Was wollt ihr denn noch alles?!« Zahlen, Fakten und Absurditäten über unsere ach-so-tolle Gleichberechtigung (Berlin 2023), 182–183.

25 ZYKUNOV, »Was wollt ihr denn noch alles?!«, 90.

26 WIEBKE ANDERSEN und CHRISTIAN BERG, Zwischenstand: We-

nig Bewegung beim Frauenanteil in den Vorständen«, AllBright-Stiftung, 8.5.2024, https://epov.short.gy/RO1I2e.

27 SARA WEBER, Schöne neue Arbeitswelt, in: Aus Politik und Zeitgeschichte 73, 15–16 (2023), 26–31.

28 ZDF, Kaum Frauen in der Chirurgie, 7.3.2023, https://epov.short.gy/LQ1jVl.

29 ROLAND PREUSS, Immer mehr Menschen arbeiten in Teilzeit, in: Süddeutsche Zeitung, 10.8.2023, https://epov.short.gy/oFb3i6.

30 ZOHAL HESSAMI und THUSHYANTHAN BASKARAN, This is the effect female politicians have – and why we need more of them, World Economic Forum, 19.2.2020, https://epov.short.gy/QGT4ZC.

31 KERSTIN BODE, Chefärztin spricht Klartext: In der Medizin wird die Klitoris totgeschwiegen, in: Bild der Frau, 4.3.2024, https://epov.short.gy/vX9dq6.

32 ANDERS MICHAEL J. SANDEL, Gerechtigkeit. Wie wir das Richtige tun, Frankfurt/Main 2024, 248–250.

33 DIETRICH BONHOEFFER, Ethik, hg. von Ilse Tödt, Heinz Eduard Tödt u.a., Gütersloh 1992, 258.

34 JANTINE NIEROP, SIMONE MANTEI, MARTINA SCHRAUDNER (Hg.), Kirche in Vielfalt führen. Eine Kulturanalyse der mittleren Leitungsebene der evangelischen Kirche mit Kommentierungen, Hannover 2017, https://epov.short.gy/V11eBs.

35 ANANT AGARWALA, Zwingen die Unis zum Gendern?, in: Zeit Campus, 17.2.2023, https://epov.short.gy/xzHdes.

36 Was Gendern bringt – und was nicht, Quarks, 26.3.2021, https://epov.short.gy/nAVkU1.

37 Mann bleibt Mann. Wie Sprache uns beeinflusst, in: Süddeutsche Zeitung, 29.3.2024, https://epov.short.gy/PJ82nB.

38 SARAH BRASACK und ANNE BURGMER, Warum ist Köln verschlampt und planlos, Elke Heidenreich? Talk mit K, Kölner Stadt-Anzeiger, 31.5.2021, https://epov.short.gy/ZBdMfj.

39 DÖRTE HINRICHS, Nachzählen macht Benachteiligung sichtbar, in: Deutschlandfunk, 21.10.2021, https://epov.short.gy/V71JkN.

40 JULIANE LANG, Gender‹ und Genderwahn – neue Feindbilder der extremen Rechten, Bundeszentrale für politische Bildung, 20.11.2017, https://epov.short.gy/2TRXZu.

41 ANDREAS PLATTHAUS, Warum Kirsten Boie den Sprachpreis ablehnt, in: Frankfurter Allgemeine, 26.11.2020, https://epov.short.gy/Xe7k1h.

42 LUDWIG WITTGENSTEIN, Tractatus logico-philosophicus. Tagebücher 1914–1916. Philosophische Untersuchungen, Frankfurt/Main 1960, 64 (Abschnitt 5.6).

43 CAROLINE CRIADO-PEREZ, The deadly truth about a world built for men – from stab vests to car crashes, in: The Guardian, 23.2.2019, https://epov.short.gy/WigjDU; CRIADO-PEREZ, Unsichtbare Frauen. Wie eine von Daten beherrschte Welt die Hälfte der Bevölkerung ignoriert, 6. Aufl., München 2020, 253.

44 CRIADO-PEREZ, The deadly truth about a world built for men.

45 Vgl. ANNE WIZOREK, Vom Gender-Kampfplatz zum Sprachspielraum«, in: Aus Politik und Zeitgeschichte 72, 5–7 (2022), 4–5.

46 HELGA KOTTHOFF, Zwischen berechtigtem Anliegen und bedenklicher Symbolpolitik, in: Aus Politik und Zeitgeschichte 72, 5–7 (2022), 12–13.

47 BUNDESMINISTERIUM FÜR FAMILIE, Queerfeindliche Hasskriminalität und Gewalt besser bekämpfen, 16.6.2023, https://epov.short.gy/HzAkwI.

48 THOMAS RÖMER, Homosexualität und die Bibel. Anmerkungen zu einem anachronistischen Diskurs, in: Jahrbuch für Biblische Theologie 33: Sexualität (Göttingen 2020), 47–64, 58.

49 Literaturangaben bei MOISÉS MAYORDOMO, Homophobie, in: STEFAN ALKIER (Hg.), Zuversichtsargumente. Biblische Perspektiven in Krisen und Ängsten unserer Zeit, Bd. 1, Paderborn 2022, 288–313, 295.

50 RÖMER, Homosexualität und die Bibel, 53.

51 Wären Fortpflanzung oder substanzrituelle Gründe entscheidend, würde die Tora auch andere Praktiken verbieten.

52 N.N., Höhere Schwelle, in: Der Spiegel 9/1996, 137, https://epov.short.gy/W2ILZK.

53 KLAUS HAACKER, Exegetische Gesichtspunkte zum Thema Homosexualität, in: Theologische Beiträge 25 (1994), 173–180, 174f.

54 TRAVIS SALWAY HOTTES, LAURA BOGAERT u.a., Lifetime Prevalence of Suicide Attempts Among Sexual Minority Adults by Study Sampling Strategies: A Systematic Review and Meta-Analysis, in: American Journal of Public Health 106 (2016), https://epov.short.gy/Q8HH2W; GARRETT KIDD, LOUISE MARSTON u.a., Suicidal thoughts, suicide attempt and non-suicidal self-harm amongst lesbian, gay and bisexual adults compared with heterosexual adults, in: Social Psychiatry and Psychiatric Epidemiology 59 (2023),

273–283; MDR, LGBTQ-Jugend. Mehr Suizidgefährdung durch Mobbing?, 10.11.2020, https://epov.short.gy/cChEXv.

55 UDO RAUSCHFLEISCH und SUSANNE DONNER, Wenn Homosexuelle sich ablehnen, in: Psychologie heute, 8.7.2020, https://epov.short.gy/LtKiaa.

56 DEUTSCHER BUNDESTAG, Schriftliche Fragen mit den in der Woche vom 27. März 2023 eingegangenen Antworten, 31.3.2023, 35–37.

57 NICOLE OPITZ, Transfeindlichkeit bleibt hoch, in: taz, 5.12.2022, https://epov.short.gy/gjbYOS.

58 BUNDESPSYCHOTHERAPEUTENKAMMER, Selbstbestimmungsgesetz reduziert Diskriminierung 30.5.2023, https://epov.short.gy/kristE.

59 SRF, Schweiz hat höchsten Anteil an Trans- oder non-binären Menschen, 22.6.2023, https://epov.short.gy/RGgtbR.

60 TOBIAS BECKER, ELISA VON HOF u.a., Wer hat Angst vor Trans?, in: Der Spiegel 35/2023, 104–110, https://epov.short.gy/ELVpk3.

61 JUST LIKE US, Growing Up LGBT+, London 2021, https://epov.short.gy/yroqiS.

62 CLAUDIA KRELL und KERSTIN OLDEMEIER, Coming-out – und dann …?! Ein DJI-Forschungsprojekt zur Lebenssituation von lesbischen, schwulen, bisexuellen und trans* Jugendlichen und jungen Erwachsenen, Halle 2015, 15.

63 SARA REARDON, The largest study involving transgender people is providing long-sought insights about their health, in: Nature 568 (2019), 446–449, https://epov.short.gy/tbBVus.

64 XIMENA LOPEZ und LAURA E. KUPER, Large study on hormone therapy for transgender youth provides reassurance amid treatment politicization, in: Nature Reviews Endocrinology 19 (2023), 319–320; DAVID MATTHEW DOYLE, TOM O. G. LEWIS und MANUELA BARRETO, A systematic review of psychosocial functioning changes after gender-affirming hormone therapy among transgender people, in: Nature Human Behaviour 7 (2023), 1320–1331.

65 PAMELA PAUL, As Kids, They Thought They Were Trans. They No Longer Do, in: The New York Times, 2.2.2024, https://epov.short.gy/eeokFo; HANNAH BARNES, Time to Think. The Inside Story of the Collapse of the Tavistock's Gender Service for Children, London 2023.

66 LYDIA DENWORTH, Die Legende vom weiblichen Gehirn«, in: Spektrum.de, 18.7.2018, https://epov.short.gy/OrnaHF.

67 ELISABETH SCHÜSSLER-FIORENZA, Zu ihrem Gedächtnis …

Eine feministisch- theologische Rekonstruktion der christlichen Ursprünge, 2. Aufl., Gütersloh 1993, 262f.

68 Vgl. in diesem Zusammenhang besonders AUGUSTÍN FUENTES, Race, Monogamy, and Other Lies They Told You. Busting Myths About Human Nature, 2. Aufl., Oakland 2022, 180–213.

69 GERHARD SCHREIBER (Hg.), Das Geschlecht in mir. Neurowissenschaftliche, lebensweltliche und theologische Beiträge zu Transsexualität, Berlin 2016, Teil 1.

70 KATRIN LANGHANS, Vergewaltigt, vergessen, verloren, in: Der Spiegel 26/2023, https://epov.short.gy/7zqmof und https://archive.is/lkUKu.

71 HUSCHKE MAU, Entmenschlicht. Warum wir Prostitution abschaffen müssen, 3. Aufl., Hamburg 2022.

72 DEUTSCHE AIDSHILFE E.V., DEUTSCHER FRAUENRAT E.V. u.a., Unterstützung statt Sexkaufverbot, Berlin 2019, https://epov.short.gy/hHdzUG.

73 MELISSA FARLEY, JACQUELINE M. GOLDING u.a., Comparing Sex Buyers With Men Who Do Not Buy Sex. New Data on Prostitution and Trafficking, in: Journal of Interpersonal Violence 32 (2015), 3601–3625.

74 DEUTSCHES INSTITUT FÜR MENSCHENRECHTE, Prostitution und Sexkaufverbot, 2019, https://epov.short.gy/yqvnGZ.

75 MELISSA FARLEY, ANN COTTON u.a., Prostitution and Trafficking in Nine Countries«, Journal of Trauma Practice 2 (2004), 33–74.

76 HÄGGSTRÖM, Shadow's Law. The True Story of a Swedish Dedective Inspector Fighting Prostitution, ohne Ort 2016.

77 GERHARD SCHREIBER, Im Dunkel der Sexualität: Sexualität und Gewalt aus sexualethischer Perspektive, Berlin/Boston 2022, 395.

78 FARLEY, GOLDING u.a., Comparing Sex Buyers, 10–11; EMMA FULU, XIAN WARNER u.a., Why do some men use violence against women and how can we prevent it?, Bangkok 2013, Kap. 8, https://epov.short.gy/gfEzSd.

79 Vgl. auch ELKE MACK und ULRICH ROMMELFANGER, Sexkauf. Eine rechtliche und rechtsethische Untersuchung der Prostitution, Baden-Baden 2023.

80 GRAHAM ELLISON, CAOIMHE NÍ DHÓNAILL und ERIN EARLY, A Review of the Criminalisation of Paying for Sexual Services in Ireland, Belfast 2019, https://epov.short.gy/MfXHFs.

81 CATHERINE MORRISON, Human trafficking. One conviction under NI »paying for sex« law, BBC, 3.1.2024, https://epov.short.gy/c5FDjH.

82 ALEX RÜHLE, Sex kaufen verboten, in: Süddeutsche Zeitung, 7.4.2024, https://epov.short.gy/PUTMK7; vgl. MAU, Entmenschlicht, 166–170, 215–232.

83 LUCY PLATT, PIPPA GRENFELL u.a., Associations between sex work laws and sex workers' health, in: PLoS Medicine 15 (2018), e1002680, https://epov.short.gy/xXtNA0.

84 RAT DER EKD, Stellungnahme zur Regelung zum Schwangerschaftsabbruch, 11.10.2023, https://epov.short.gy/tJS7id.

85 REINER ANSELM, PETRA BAHR, PETER DABROCK und STEPHAN SCHAEDE, Dem tatsächlichen Schutz des Lebens dienen, in: Zeitzeichen, 1.11.2023, https://zeitzeichen.net/node/10791.

86 Vgl. Gesundheitsberichterstattung des Bundes, https://www.gbe-bund.de (Suchbegriff Schwangerschaftsabbruch).

87 GRACE Y. KAO, My Body, Their Baby. A Progressive Christian Vision for Surrogacy, Stanford 2023.

88 CHRISTINE SCHLIESSER, Körperlichkeit und Kommerzialität. Zur theologisch-ethischen Problematik der Leihmutterschaft, in: Zeitschrift für medizinische Ethik 62 (2016), 107–120.

89 ANDREA BÜCHLER, Autonomie, Reproduktion und die Leihmutterschaft. Ein Essay, in: Juridikum 3 (2021), 331–343.

90 KAO, My Body, 58.

91 SUSAN GOLOMBOK, I've Spent Decades Studying How People Build Their Families. Here's What I've Learned Matters Most, in: Time, 14.10.2020, https://epov.short.gy/hJWPGN.

92 NUFFIELD COUNCIL ON BIOETHICS, Surrogacy law in the UK: ethical considerations, London 2023, https://epov.short.gy/bOH9us.

93 Das illustriert etwa LAURA WOLF, Was mit Ihrem Kind passiert, wenn Sie zu ehrgeizig sind, in: Die Welt, 5.9.2019, https://epov.short.gy/9n7gUM.

94 BRIAN G. SKOTKO u.a., Having a son or daughter with Down syndrome. Perspectives from mothers and fathers; Having a brother or sister with Down syndrome. Perspectives from siblings; Self-perceptions from people with Down syndrome, in: American Journal of Medical Genetics A 155.10 (2011).

95 KATHRYN MANNIX, With the End in Mind. How to Live and Die Well, London 2022, 152–153.

96 ROSEMARIE GARLAND-THOMSON, Disability Liberation Theology, in: ADAM CURETON und DAVID WASSERMAN (Hg.), The Oxford Handbook of Philosophy and Disability, Oxford 2020, 100–120, 113.

97 MICHAEL COREN, Learn from Canada's mistakes, in: The Church Times, 5.1.2024, https://epov.short.gy/oOsoLp.
98 ANDREAS KRUSE, Einfühlsame Störfragen, in: Frankfurter Allgemeine, 14.3.2021, https://epov.short.gy/OmtIJG.
99 ULRICH H. J. KÖRTNER, Dem Leben dienen – bis zuletzt. Die Debatte zur Suizidbeihilfe und der Auftrag der Diakonie, in: Zeitzeichen, 1.2.2021, https://zeitzeichen.net/node/8835.
100 SARAH COAKLEY, Gender and Knowledge in Modern Western Philosophy. »The Man of Reason« and the »Feminine« »Other« in Enlightenment and Romantic Thought, in: COAKLEY, Powers and Submissions. Spirituality, Philosophy and Gender, Malden 2002, 89–97; ALEXANDER MAẞMANN, Genetic Enhancements and Relational Autonomy. Christian Ethics and the Child's Autonomy in Vulnerability, in: Studies in Christian Ethics 32 (2019), 88–104.
101 THOMAS KIRCHNER, Neu nachdenken über das Leben, in: Süddeutsche Zeitung, 3.2.2020, https://epov.short.gy/slPmoB.
102 MARTINA KELLER, Sterben auf Wunsch, in: Deutschlandfunk, 22.5.2022, https://epov.short.gy/ENEFi9.
103 VAUGHN PALMER, Too many people are dying on B.C.'s cancer-care waiting lists, in: Vancouver Sun, 18.12.2023, https://epov.short.gy/JWPlt8.
104 WILFRIED HÄRLE, Ethik, 2. Aufl., Berlin/Boston 2018, 279–280.
105 DAMIAN CARRINGTON, We asked 380 top climate scientists what they thought about the future …, in: The Guardian, 8.5.2024, https://epov.short.gy/P2jVze.
106 AKIELLY HU and JOSEPH WINTERS, How to »decouple« emissions from economic growth? These economists say you can't, in: Grist, 4.3.2024, https://epov.short.gy/euF5oi.
107 EKD, Umkehr zum Leben. Nachhaltige Entwicklung im Zeichen des Klimawandels, Gütersloh 2009, 115–116, https://epov.short.gy/qKHKo5.
108 PAPST FRANZISKUS, Enzyklika Laudato sí. Über die Sorge für das gemeinsame Haus (2015), https://epov.short.gy/vvRVZw, Abs. 22.
109 MARCELO CARDONA, JOSEPH MILLWARD u.a., Estimated impact of the 2020 economic downturn on under-5 mortality for 129 countries, in: PLoS ONE 17 (2022), e0263245, https://epov.short.gy/AxdiMZ.
110 JONAS SCHAIBLE, Der gefährliche Doppelstandard des Staates, in: Spiegel Online, 5.3.2024, https://epov.short.gy/6E8CXU.
111 Tagesschau, Deutschland wird Klimaziele laut Gutachten ver-

fehlen, 3.6.2024, https://epov.short.gy/fx7Uno; Christian Stöcker, Wir leben in einer Simulation, in: Spiegel Online, 14.04.2024, https://epov.short.gy/mW8jlw.

112 Damian Carrington, World on brink of five »disastrous« climate tipping points, study finds, in: The Guardian, 8.9.2022, https://epov.short.gy/BpoIHC.

113 Richard E. Fewster, Paul J. Morris u.a., Imminent loss of climate space for permafrost peatlands in Europe and Western Siberia, in: Nature Climate Change 12 (2022), 373–379; Spiegel Online, Wurde dieser Kipppunkt bislang übersehen? 25.6.2024, https://epov.short.gy/JqLR7q.

114 United Nations, UN climate report a »red alert« for the planet: Guterres, 26.2.2021, https://epov.short.gy/x7jM22; N.N., Erde soll auf gefährliche Erwärmung um etwa drei Grad zusteuern, in: Zeit Online, 20.11.2023, https://epov.short.gy/AGSok3.

115 Stuart Capstick, Aaron Thierry u.a., Civil disobedience by scientists helps press for urgent climate action, in: Nature Climate Change 12 (2022), 773–774.

116 Antje Mathez, Billionen für fossile Industrien – Deutsche Banken investieren kräftig mit, in: Frankfurter Rundschau, 17.5.2024, https://epov.short.gy/1eTqW6.

117 »Laudato sí« kennt keine Ambivalenzen in der Schöpfung, denn laut Thomas von Aquin reflejtiert jeder Aspekt der Schöpfung einen Aspekt des Schöpfers. (Abs. 86). Ich halte dagegen die Ausrottung des Medinawurms oder (hypothetisch) von *Yersinia pestis* und HIV für ein sinnvolles Ziel; vgl. E. O. Wilson, Die Hälfte der Erde. Ein Planet kämpft um sein Leben, München 2016, 61f.

118 Carissa Wong, How climate change is hitting Europe. Three graphics reveal health impacts, in: Nature, 18.6.2024, https://epov.short.gy/bEdoIC; Die Welt, »Eine der ganz großen Sorgen« – Mehr Menschen in Europa sterben an Hitze, 24.4.2024, https://epov.short.gy/GcmnrU.

119 Arnd Henze, »Weiter so« ist keine Option, in: Zeitzeichen 22 (Nov. 2021), 8–11, https://zeitzeichen.net/node/9327.

120 Bernd Ladwig, Kritik am Fleischkonsum. Moralisch oder moralistisch? Bundeszentrale für politische Bildung, 17.12.2021, https://epov.short.gy/jVjEEK.

121 Bundesministerium für Ernährung und Landwirtschaft, Deutschland, wie es isst. Der BMEL-Ernährungsreport 2023, Berlin 2023, https://epov.short.gy/V4wgZF.

122 SOPHIE NEUKAMM, Die Lügen der Fleischesser, in: Die Zeit 41/2022, 30, https://epov.short.gy/87BrhY.
123 NEUKAMM, Die Lügen der Fleischesser.
124 GUNTHER HIRSCHFELDER, Vom Wohlstands- zum Krisensymbol. Eine Kulturgeschichte des Nahrungsmittels Fleisch, Bundeszentrale für politische Bildung, 17.12.2021, https://epov.short.gy/Fzqjnd.
125 HANNAH RITCHIE, Hoffnung für Verzweifelte. Wie wir als erste Generation die Erde zu einem besseren Ort machen, München 2024, 127–129.
126 DIETER RUCHT, Für Demokratie – gegen Rechtsextremismus. Profil und Dynamik der jüngsten Protestwelle, Berlin 2024, https://epov.short.gy/q0gexR.
127 MARCO BITSCHNAU und SEBASTIAN KOOS, Die schweigende Mehrheit auf der Straße? Ergebnisse einer Befragung von Teilnehmer:innen an den Protesten gegen Rechtsextremismus, in: Policy Paper 15 des Clusters The Politics of Inequality (Universität Konstanz), 14.3.2024, https://epov.short.gy/D7LcC5.
128 DEUTSCHE BISCHOFSKONFERENZ, Völkischer Nationalismus und Christentum sind unvereinbar, 22.2.2024, https://epov.short.gy/pOIAoY.
129 DIETRICH BONHOEFFER, Zur Frage nach der Kirchengemeinschaft, in: Bonhoeffer, Illegale Theologenausbildung. Finkenwalde 1935–1937, hg. v. Otto Dudzus und Jürgen Henkys, München 1996, 655–680.
130 CORRECTIV, Geheimplan gegen Deutschland, 10.1.2024, https://epov.short.gy/jpM38J.
131 ROLAND PREUSS, AfD erläutert ihre Haltung zu Massenabschiebungen, in: Süddeutsche Zeitung, 31.1.2024, https://epov.short.gy/KrlqVu.
132 OLIVER KLEIN, NILS METZGER und JAN HENRICH, AfD-Vertreter bekräftigen Ausweisungs-Pläne, ZDF heute, 11.1.2024, https://epov.short.gy/W25riF.
133 MAXIMILIAN KRAH, Politik von rechts. Ein Manifest, 5. Aufl., Schnellroda 2024, 79.
134 TOM KROLL und CARLOTTA WALD, Platz da!?, in: Die Zeit 13/2023, 6–7, https://epov.short.gy/520ToQ.
135 RICHARD SCHRÖDER, Abschaffung der Religion? Wissenschaftlicher Fanatismus und seine Folgen, 3. Aufl., Freiburg 2010, 84f.
136 UNIVERSITÄT BERN, Religiöser Glaube und Rechtsextremismus,

4.3.2020, https://epov.short.gy/PMFyZj.

137 STEFFI SPRINGER, Allein mit meinem Glauben? Christ sein in Ostdeutschland«, in: 37 Grad Leben, ZDF, 2.6.2024, https://epov.short.gy/qli9NH.

138 RICHARD TRAUNMÜLLER, Religion und Sozialkapital. Ein doppelter Kulturvergleich, Wiesbaden 2012, 209.

139 MATTHIAS ALTMANN, Junger Priester: Wir sollten entrücktes Priesterbild endlich aufgeben, in: katholisch.de, 31.5.2024, https://epov.short.gy/lB70JC.

140 EKD, Menschen christlichen Glaubens in Deutschland, 2024, https://epov.short.gy/ZdvNSI; EKD, 6. Kirchenmitgliedschaftsuntersuchung. Zur Bedeutung der Kirche in der Gesellschaft, 2023, https://kmu.ekd.de/.

141 CHRISTOPH STRACK, Islamfeindlichkeit in Deutschland und Europa. Angriffe im Netz, Angriffe in der Realität, in: Qantara.de, 13.7.2021, https://epov.short.gy/0Sgl9R.

142 BUNDESAMT FÜR MIGRATION UND FLÜCHTLINGE, Muslimisches Leben in Deutschland 2020, 28.4.2021, https://epov.short.gy/utr9IO.

143 SINA ARNOLD und MICHAEL KIEFER, Antisemitismus in muslimischen Communities und antimuslimischer Rassismus, in: Aus Politik und Zeitgeschichte 74, 25–26 (2024), 25–30.

144 KATHRIN MÜLLER-LANCÉ, Bertelsmann-Religionsmonitor. Antisemitismus in Deutschland weitverbreitet, in: Süddeutsche Zeitung, 12.12.2023.

145 DANIEL BAX, Ein Jahr nach dem Anschlag in Hanau. Der Hass und seine Wegbereiter, in: Qantara.de, 24.2.2021, https://epov.short.gy/dVWAii.

146 SCHANTALL UND DIE SCHARIA, Yusuf Sarı – Wie können Moscheen sicherer werden? (Podcast), 7.12.2022, https://epov.short.gy/NQOjVF.

147 ISLAM IQ, CLAIM: Mehr als fünf antimuslimische Vorfälle pro Tag, 24.6.2024, https://epov.short.gy/nuTWqn.

148 ISABELL DIEKMANN und OLGA JANZEN, Zwischen Pauschalisierung und Differenzierung. Einstellungen gegenüber Muslim:innen und dem Islam in Deutschland, in: Religionsmonitor 2023, Gütersloh 2024, https://epov.short.gy/07JexQ.

149 OLIVER MEILER, Entweihte katholische Kirchen: Lebt Gott nicht mehr hier?, in: Süddeutsche Zeitung, 30.11.2018, https://epov.short.gy/WlsCrI.

150 Christian Röther, Zum Freitagsgebet in eine ehemalige Kirche, Deutschlandfunk, 6.2.2022, https://epov.short.gy/PtXcm0.
151 Rauf Ceylan und Michael Kiefer, Islampolitik in Deutschland. Geschichte, Debatten, Institutionen, Bonn 2022, Kap. 2.
152 Mouhanad Khorchide und Anfrid Schenk, Es geht mehr um Identität als um Spiritualität, in: Die Zeit 22/2024, 32.
153 Positionspapier der EKD zum christlich-islamischen Dialog, Hannover 2018, https://epov.short.gy/Hj3kFe; siehe auch EKD, Klarheit und gute Nachbarschaft. Christen und Muslime in Deutschland. Eine Handreichung des Rates der EKD, Hannover 2006, https://epov.short.gy/BSeHU6.
154 Casey A. Strine, Migrant Ethics in the Jacob Narratives, in: C. L. Crouch (Hg.), The Cambridge Companion to the Hebrew Bible and Ethics, Cambridge 2021, 101–116.
155 Robin Stein, Haley Willis u.a., A Times Investigation Tracked Israel's Use of One of Its Most Destructive Bombs in South Gaza, in: The New York Times, 21.12.2023, https://epov.short.gy/rO1pv2.
156 Lauren Leatherby, Gaza Civilians, Under Israeli Barrage, Are Being Killed at Historic Pace, in: The New York Times, 25.11.2023, https://epov.short.gy/OqNnKz.
157 Leatherby, Gaza Civilians.
158 Vgl. etwa Kenneth Roth, Israel appears to be on the verge of ethnic cleansing in Gaza, in: The Guardian, 16.10.2023, https://epov.short.gy/aCwsnY; Jonathan Lis und AP, Israeli President Blasts ICJ's Portrayal of His Remarks, Says There Are Innocent Palestinians in Gaza, in: Haaretz, 28.1.2024, https://epov.short.gy/6s0V37.
159 Siobhan Marin und Andrew West, What is the biblical story of »Amalek«? And why is it being used in South Africa's ICJ case against Israel?, in: The Religion and Ethics Report, ABC News, 30.1.2024, https://epov.short.gy/72aWuZ.
160 Toi Staff, Military Intelligence alert system poorly maintained in lead up to October 7 – report, in: The Times of Israel, 7.7.2024, https://epov.short.gy/TFKuQK; Nils Hinsberger, Warnungen vor Hamas »wurden ignoriert« – Israels Soldatinnen erheben Sexismus-Vorwürfe, in: Frankfurter Rundschau, 24.11.2023, https://epov.short.gy/ic6gkc.
161 David Remnick, The Price of Netanyahu's Ambition, in: The New Yorker, 20.1.2024, https://epov.short.gy/B8NAHW.

162 Tagesschau, Der russische Staat ist kriminell geworden, 7.10.2020, https://epov.short.gy/gNrHXD.
163 EKD, Aus Gottes Frieden leben – für gerechten Frieden sorgen. Eine Denkschrift des Rates der Evangelischen Kirche in Deutschland, Hannover 2007, https://www.ekd.de/friedensdenkschrift-74481.htm.
164 THOMAS FISCHER, Von Unschuldsvermutung und moralischer Hysterie, in: Spiegel Online, 4.8.2023, https://epov.short.gy/M6dEBO.
165 REINHARD MAWICK, Im Wirbel des #MeToo. Wo bleibt die Trennung von Person und Werk?, in: Zeitzeichen, Februar 2018, https://epov.short.gy/7cStcl.
166 MICHAEL WELKER, Gottes Offenbarung. Christologie, 4. Aufl., Göttingen 2023, 175.
167 So SASCHA LOBO: Spiegel Online, 10.4.2024, https://epov.short.gy/xwzYba.
168 RENÉ PFISTER, Ein falsches Wort. Wie eine neue linke Ideologie aus Amerika unsere Meinungsfreiheit bedroht, München/Hamburg 2022.
169 PFISTER, Ein falsches Wort, 189.
170 THE WASHINGTON POST, Fatal Force. 1,169 people have been shot and killed by police in the past 12 months, https://epov.short.gy/02ZqiR.
171 THE COALITION TO STOP GUN VIOLENCE, Stand Your Ground Laws Increase Gun Violence and Perpetuate Racial Disparities, März 2021, https://epov.short.gy/VTSuBX.
172 PFISTER, Ein falsches Wort, 165.
173 PFISTER, Ein falsches Wort, 185.
174 IBRAM X. KENDI, How to Be an Antiracist, New York 2019, 128; 19, 219.
175 ADRIAN DAUB, Cancel Culture. Wie eine moralische Panik die Welt erfasst, Berlin 2022.
176 KAREN WEISE, CADE METZ u.a., Inside the A.I. Arms Race That Changed Silicon Valley Forever, in: The New York Times, 5.12.2023, https://epov.short.gy/vFM8pt.
177 WOLFGANG HUBER, Menschen, Götter und Maschinen. Eine Ethik der Digitalisierung, München 2022.
178 ANN-KATHRIN NEZIK, Hast du ein Bewusstsein? Ich denke schon, antwortet der Rechner, in: Die Zeit 3/2023, 13–15, 14; https://epov.short.gy/MiNdYF.

179 Dieser Abschnitt ist besonders beeinflusst u. a. von THOMAS FUCHS, Das Gehirn – ein Beziehungsorgan. Eine phänomenologisch-ökologische Konzeption, 2. Aufl., Stuttgart 2009.
180 PAUL RICOEUR, The Rule of Metaphor. The creation of meaning in language, London 2010, 283.
181 MICHAEL SPEHR, Rettet die Freiheit, in: Frankfurter Allgemeine, 11.1.2023, https://epov.short.gy/rWAzD8.